Meike Miller

Ergotherapie bei Autismus

Förderung durch
Sensorische Integrationstherapie

Mit einem Geleitwort
von Christine Preißmann

2., erweiterte und aktualisierte Auflage

Verlag W. Kohlhammer

Dieses Werk einschließlich aller seiner Teile ist urheberrechtlich geschützt. Jede Verwendung außerhalb der engen Grenzen des Urheberrechts ist ohne Zustimmung des Verlags unzulässig und strafbar. Das gilt insbesondere für Vervielfältigungen, Übersetzungen und für die Einspeicherung und Verarbeitung in elektronischen Systemen.

Pharmakologische Daten verändern sich ständig. Verlag und Autoren tragen dafür Sorge, dass alle gemachten Angaben dem derzeitigen Wissensstand entsprechen. Eine Haftung hierfür kann jedoch nicht übernommen werden. Es empfiehlt sich, die Angaben anhand des Beipackzettels und der entsprechenden Fachinformationen zu überprüfen. Aufgrund der Auswahl häufig angewendeter Arzneimittel besteht kein Anspruch auf Vollständigkeit.

Die Wiedergabe von Warenbezeichnungen, Handelsnamen und sonstigen Kennzeichen berechtigt nicht zu der Annahme, dass diese frei benutzt werden dürfen. Vielmehr kann es sich auch dann um eingetragene Warenzeichen oder sonstige geschützte Kennzeichen handeln, wenn sie nicht eigens als solche gekennzeichnet sind.

Es konnten nicht alle Rechtsinhaber von Abbildungen ermittelt werden. Sollte dem Verlag gegenüber der Nachweis der Rechtsinhaberschaft geführt werden, wird das branchenübliche Honorar nachträglich gezahlt.

Dieses Werk enthält Hinweise/Links zu externen Websites Dritter, auf deren Inhalt der Verlag keinen Einfluss hat und die der Haftung der jeweiligen Seitenanbieter oder -betreiber unterliegen. Zum Zeitpunkt der Verlinkung wurden die externen Websites auf mögliche Rechtsverstöße überprüft und dabei keine Rechtsverletzung festgestellt. Ohne konkrete Hinweise auf eine solche Rechtsverletzung ist eine permanente inhaltliche Kontrolle der verlinkten Seiten nicht zumutbar. Sollten jedoch Rechtsverletzungen bekannt werden, werden die betroffenen externen Links soweit möglich unverzüglich entfernt.

2., erweiterte und aktualisierte Auflage 2024

Alle Rechte vorbehalten
© W. Kohlhammer GmbH, Stuttgart
Gesamtherstellung: W. Kohlhammer GmbH, Stuttgart

Umschlagabbildung: iStock.com/blyjak

Print:
ISBN 978-3-17-045010-3

E-Book-Formate:
pdf: ISBN 978-3-17-045011-0
epub: ISBN 978-3-17-045012-7

Abkürzungs- und Fachwortverzeichnis

Active-noise-Cancelling	sog. Antischall, der unerwünschte Geräusche aus der Umwelt überlagert und auslöscht. Das Ergebnis ist (fast) absolute Ruhe. Erhältlich als Kopfhörer oder in-ear-Variante
AdtL	Aktivitäten des täglichen Lebens
ASS	Autismus-Spektrum-Störung; die Diagnose ermöglicht viele Hilfen und Nachteilsausgleiche
COPM	Canadian Occupational Performance Measure
DEI – B	Diversity, Equity, Inclusion and Belonging: Unternehmensabteilung für Vielfalt, Gleichberechtigung, Integration und Zugehörigkeit; wird inzwischen als »Erfolgsfaktor« in Unternehmen propagiert
Defensivität	Überempfindlichkeit bei zu geringer Filterung; auch irrelevante Reize gelangen ins Bewusstsein
Diversity	Vielfalt
Dormanz	siehe Hyporeaktivität
Double-Empathy-Problem	erschwertes gegenseitiges Erkennen des Befindens anhand der Mimik; gilt gleichermaßen für Autisten und Nicht-Autisten
Hyperfokus	Zustand höchster Konzentration unter Ausblenden der äußeren und inneren Reize; v. a. bei ASS und ADHS
Hyporeaktivität	Unterempfindlichkeit gegenüber Reizen

Maskieren	Fähigkeit von Autisten, ihre Mimik durch Lernen dem anzupassen, was die Umwelt in bestimmten Situationen erwarten würde
Nachteilsausgleich	Möglichkeit, einen Ausgleich in Schule und Ausbildung zu erhalten, um Chancengleichheit herzustellen
Neurodivergenz	beschreibt neurobiologische Unterschiede. Reize werden anders verarbeitet als bei der Mehrzahl der Menschen
Neurodiversität	inklusiver Begriff, der alle neurologischen Varianten umfasst
Neurotypisch	typische Reizverarbeitung der Mehrzahl der Menschen
Resilienz	seelische Widerstandskraft
Responsivität	sichtbare Reaktion auf Reize (Handlung, Verhalten)
SI	Sensorische Integrationstherapie
SMART(-Ziele)	spezifisch, messbar, attraktiv, realistisch, terminiert
Sprungbereitschaft	Reaktion des Abfangens beim Sturz
Tonus	Spannungszustand der Muskulatur
Vulnerabilität	Verletzlichkeit (durch Stress)
ZNS	Zentralnervensystem = Gehirn

Geleitwort

»Ergotherapie? Was macht man denn da?« – dieser Reaktion begegne ich sehr oft, wenn ich von den therapeutischen Maßnahmen bei Menschen mit Autismus berichte. Und ich muss gestehen, auch ich wusste lange nicht, auf welch vielseitige und effektive Weise Ergotherapeuten unterstützen können. Nach über einem Jahrzehnt ambulanter Psychotherapie, durch die ich vieles gelernt habe, hatte ich das Gefühl, dass mich eine zusätzliche Unterstützung im Hinblick auf meine Wahrnehmungsbesonderheiten einerseits und die Anforderungen des Alltags auf der anderen Seite deutlich voranbringen könnte. Dass gerade dies die beiden Domänen der Ergotherapie sein würden, wusste ich damals noch nicht.

Ich schrieb also eine lange Mail an eine ergotherapeutische Praxis in meiner Nähe, da mir das Telefonieren schwerfällt, und erhielt umgehend eine Antwort mit Erläuterungen und der Ermutigung, einen Ersttermin zu vereinbaren. So kam es, dass ich Frau Miller kennenlernen durfte.

Autismus – Definition und Gliederung

Erst im Erwachsenenalter hatte ich die Diagnose Asperger-Syndrom erhalten und dadurch endlich Antworten auf viele Fragen in meinem Leben gefunden. Ich informierte mich ausführlich über meine Besonderheiten, um besser darüber Bescheid zu wissen:

Derzeit wird noch unterschieden zwischen den einzelnen Formen[1]

---

[1] Obwohl die ICD-11 bereits 2022 in Kraft getreten ist, wird derzeit noch überwiegend die ICD-10 verwendet. Voraussichtlich wird es erst 2027 zur vollständigen Ablösung durch die neue Version kommen.

- Asperger-Syndrom (F84.5),
- Frühkindlicher Autismus (F84.1),
- Atypischer Autismus (F84.0).

Auch für Fachleute ist jedoch die Abgrenzung nicht immer leicht, deshalb spricht man heute meist von einer Autismus-Spektrum-Störung, um zu verdeutlichen, dass die Auffälligkeiten in jedem Einzelfall unterschiedlich sind und eine sehr große Bandbreite besteht. Es gibt also ein breites Spektrum an typischen Merkmalen, die sowohl Schwierigkeiten als auch Fähigkeiten umfassen. Während einige autistische Menschen nur leicht betroffen zu sein scheinen, besteht bei anderen eine schwere Mehrfachbeeinträchtigung.

Ein Kind mit frühkindlichem Autismus zeigt bereits vor dem dritten Lebensjahr Auffälligkeiten

- im sozialen Umgang mit anderen,
- in der Kommunikation,
- durch sich wiederholende stereotype Verhaltensweisen.

Das Asperger-Syndrom dagegen lässt sich von den anderen Formen abgrenzen durch eine mindestens durchschnittliche Intelligenz und das Fehlen einer sprachlichen bzw. kognitiven Entwicklungsverzögerung. Es zeigen sich jedoch Auffälligkeiten in der psychomotorischen Entwicklung und in der sozialen Interaktion.

Der atypische Autismus kann diagnostiziert werden, wenn nicht alle Diagnosekriterien (s. u.) vorliegen, gleichzeitig aber keine andere Diagnose in Betracht kommt.

Die nicht selten verwendete Formulierung »autistische Züge« sollte allenfalls dann ihre Berechtigung haben, wenn zusätzliche Beeinträchtigungen im Sinne einer autistischen Symptomatik bei vorbestehenden anderen Formen der Behinderung verdeutlicht werden sollen.

Symptome und Auffälligkeiten

Schaut man sich die Kernsymptome von Autismus-Spektrum-Störungen an, so kann man in fast jedem Fall eine Verbindung zur Wahrnehmungsproblematik herstellen. Daher ist es eigentlich naheliegend, an eine ergotherapeutische Maßnahme zu denken.

Allen Autismus-Spektrum-Störungen gemeinsam sind

- Beeinträchtigungen in der sozialen Interaktion,
- Beeinträchtigungen in der Kommunikation,
- eingeschränkte und stereotype Verhaltensmuster, Interessen und Aktivitäten.

Weitere häufige Auffälligkeiten bestehen z. B. in

- motorischer Ungeschicklichkeit (insbesondere beim Asperger-Syndrom),
- isolierten speziellen Fertigkeiten und ungleichen Kompetenzen,
- dem Bedürfnis nach Gleicherhaltung der Umwelt sowie großer Angst vor Veränderungen und allem Unerwarteten,
- dem Bedürfnis nach strikten Routinen, täglich wiederkehrenden Ritualen und Struktur (eingespielte, immer gleiche Tätigkeitsabläufe oder bestimmte Speisen, Kleidung etc.),
- einer auffälligen Detailwahrnehmung (Kleinigkeiten, winzige Fehler etc. können rasch entdeckt werden, das Erkennen übergreifender Zusammenhänge fällt dagegen oft schwer).

Überempfindlichkeiten hinsichtlich verschiedener Sinnesreize (z. B. können leichte Berührungen, Sonnenlicht, Geräusche oder Gerüche manchmal Schmerzen bereiten),

- dagegen evtl. Unempfindlichkeiten gegenüber Schmerz- oder Temperaturwahrnehmung,
- eingeschränktem Fantasiespiel,
- Schlafstörungen (Ein- oder Durchschlafstörungen, verschobener Tag-Nacht-Rhythmus etc.).

Häufigkeit und Verlauf

Die Häufigkeit von Autismus-Spektrum-Störungen liegt bei etwa 1 %, es ist also von mehreren Hunderttausend unmittelbar betroffenen Menschen in Deutschland auszugehen. Die deutliche Zunahme an Autismus-Diagnosen lässt sich nach Ansicht von Experten aber eher nicht durch eine Zunahme des Autismus als solchem erklären, sondern vielmehr durch die besseren Kenntnisse der Fachleute. Das Bewusstsein für den Autismus hat also zugenommen, vor allem eben auch das Wissen, dass bei einer entsprechenden Diagnose auch Hilfen möglich sind.

Früher wurden Autismus-Spektrum-Störungen als typische Störungen des Kindesalters angesehen, heute jedoch ist man sich ihrer Bedeutung auch im Erwachsenenalter bewusst. Das findet seinen Ausdruck u. a. in der Namensänderung des größten deutschen Selbsthilfeverbandes. 1970 wurde der Bundesverband unter dem Namen »Hilfe für das autistische Kind« von betroffenen Eltern gegründet, seit 2005 heißt er »autismus Deutschland – Bundesverband zur Förderung von Menschen mit Autismus«, um auch betroffenen Jugendlichen und Erwachsenen gerecht zu werden.

Der Autismus wächst sich eben nicht aus, sondern besteht lebenslang. Durch eine gute Unterstützung sind aber viele Verbesserungen möglich, auch noch jenseits des Jugendalters.

Meine Erfahrung mit Ergotherapie

In einer Zeit, als ich sehr belastet war durch auch bereits geringe Sinnesreize, kam die Unterstützung im Sinne der Sensorischen Integrationstherapie gerade recht. Ich lernte, meine Grenzen besser wahrzunehmen, die Beeinträchtigungen zu benennen und Maßnahmen zu erlernen, einige belastende Sinnesreize zu vermeiden bzw. für die Situationen, in denen sie sich nicht vermeiden ließen, Strategien zu erlernen, um besser damit umgehen zu können. Das war extrem wichtig für mich, denn die körperliche wie psychische Belastung durch Zustände der Reizüberflutung war enorm. Ich bemerkte, wie sehr sich nun durch die Aufklärung über

Kohlhammer

Die Autorin

Meike Miller ist Ergotherapeutin und Coach und nutzt seit vielen Jahren die Sensorische Integrationstherapie für die Arbeit mit autistischen Kindern, Jugendlichen und Erwachsenen. Gemeinsam mit Christine Preißmann hält sie regelmäßig Weiterbildungsseminare zum Thema Wahrnehmung, Ergotherapie und Autismus.

Seit 2024 ist Meike Miller als Personalreferentin tätig. Angetrieben von der Überzeugung, dass autistische Arbeitnehmer die gleichen Chancen verdienen wie Menschen jenseits des Spektrums, widmet sie in der Neuauflage ihres Buches dem Thema Arbeit ein eigenes Kapitel.

Wahrnehmungsauffälligkeiten und die passenden Strategien auch mein Befinden insgesamt besserte.

Anschließend konnten Frau Miller und ich uns mit den Anforderungen des Alltags beschäftigen. Anhand von Fragebögen ermittelten wir meinen Bedarf im Hinblick auf meine Wünsche und Lebensziele. Alle Maßnahmen wurden stets mit mir und auf meine Bedürfnisse abgestimmt und im Verlauf angepasst. Frau Miller besprach mit mir hilfreiche Maßnahmen für Arbeit und Beruf, sie begleitete mich zu Arztterminen und stellte dafür manchmal, wenn mir das allein nicht gelang, in meinem Beisein und nach Absprache mit mir auch dort den Kontakt für mich her. Sie unterstützte mich beim Einkaufen und beim Einrichten meiner Wohnräume nach meinen Wünschen und Bedürfnissen. Sie besprach mit mir Maßnahmen, um mit anderen Menschen in Kontakt kommen zu können, und nannte mir Ansprechpartner für weiterführende Hilfen. Mit welchem Thema ich auch zu ihr kam, sie war stets bereit, mit mir gemeinsam nach Lösungen zu suchen.

Ein Buch zum Thema

Ich durfte erleben, wie vielseitig und wie ungemein hilfreich eine solche ergotherapeutische Behandlung für Menschen mit Autismus sein kann, und ich begann damit, diese Erfahrung auch anderen Betroffenen zu vermitteln. In vielen Fällen haben auch therapeutische, medizinische oder pädagogische Fachkräfte noch keine Erfahrung mit Ergotherapie bei Autismus, daher war es mein Anliegen, diese Möglichkeit bekannter zu machen.

Glücklicherweise zeigte sich Frau Miller offen dafür, sodass wir inzwischen gemeinsam Seminare gestalten für Fachleute genauso wie für Betroffene und Angehörige. In einem Buchbeitrag erläuterte Meike Miller zudem erstmals schriftlich die Konzepte und Besonderheiten der ergotherapeutischen Behandlung bei Menschen mit Autismus-Spektrum-Störungen (Meike Miller: Ergotherapie bei Frauen mit Autismus. In: Christine Preißmann: Überraschend anders: Mädchen und Frauen mit Asperger. Stuttgart: Trias 2013).

Rasch wurde mir jedoch deutlich, dass eine detailliertere Beschreibung auch in einem eigenen Buch notwendig sein würde, da bislang keine Literatur zu diesem Thema im deutschen Sprachraum zu finden war. Erfreulicherweise zeigten sich die Mitarbeiter des Kohlhammer-Verlags offen für diese Anregung und erkannten ebenso wie wir diesen Bedarf.

Ja – und wer sollte wohl ein solches Buch schreiben, wenn nicht Meike Miller? Sie hat inzwischen noch viele weitere Menschen mit Autismus in allen Altersstufen in Therapie genommen, mit denen sie erfolgreich arbeitet, und sie verfügt über zahlreiche Zusatzausbildungen (wie Sensorische Integrationstherapie, Cranio-Sakral-Therapie und eine abgeschlossene Coaching-Ausbildung, um nur die wichtigsten zu nennen).

Es freut mich sehr, dass nun also ihr Buch vorliegt, in dem sie sowohl die Besonderheiten der Wahrnehmung bei Menschen mit Autismus als auch die ganz unterschiedlichen Aktivitäten des täglichen Lebens ausführlich erläutert und vor allem viele ganz konkrete Hilfen für die Praxis beschreibt, die sich an den jeweils individuellen Erfordernissen eines jeden einzelnen Menschen orientieren und ihn dazu befähigen, die eigene Therapie mitzugestalten – in Würde und Respekt.

Die Publikation stellt eine wertvolle Hilfe dar für Ergotherapeuten, die sich der Herausforderung einer Arbeit mit autistischen Menschen stellen möchten und die ich dazu sehr ermutigen möchte. Sie können mit Ihrer Arbeit so vieles für uns bewirken. Gleichzeitig ist das Buch aber so geschrieben, dass auch Fachleute aus anderen therapeutischen Bereichen ebenso wie Pädagogen, Ärzte, Sozialarbeiter etc. es mit Gewinn lesen werden. Und nicht zuletzt finden Menschen mit einer Autismus-Spektrum-Störung, deren Angehörige und Freunde viele hilfreiche Anregungen, wie ein leichteres und schöneres Leben gelingen kann – und wie auch sie selbst von einer ergotherapeutischen Maßnahme profitieren können.

Ich bedanke mich sehr für die Unterstützung, die ich bislang durch Frau Miller erhalten durfte, und wünsche ihr mit diesem Buch viel Erfolg.

Christine Preißmann

Inhalt

Abkürzungs- und Fachwortverzeichnis 5

Geleitwort 7

Vorwort 19

Danksagung 21

1   **Einleitung** 23

2   **Wahrnehmung und Autismus** 26
    2.1   Wahrnehmung als Prozess 26
    2.2   Wahrnehmung bei Autismus (Diskrimination und Modulation) 29
    2.3   Über- und Unterempfindlichkeit der Wahrnehmung 30
        2.3.1   Sensorische Dormanz 32
        2.3.2   Sensorische Defensivität 33
    2.4   Folgen von Wahrnehmungsveränderungen bei Autismus 34
        2.4.1   Wahrnehmungsveränderungen und Motorik   34
        2.4.2   Wahrnehmungsveränderungen und Verhalten 35
        2.4.3   Wahrnehmungsveränderung und Kognition   38
    2.5   Aktivitätskurve 40
        2.5.1   Wahrnehmung und Aktivierungsniveau bei Autismus 42

	2.6	Wahrnehmung und Stress	44
		2.6.1 Reizüberflutung anhand des Vulnerabilitäts-Stress-Modells	45
	2.7	Reizüberflutung bei Autismus	47
		2.7.1 Meltdown und Shutdown	48
		2.7.2 Soforthilfe bei Reizüberflutung	50
		2.7.3 Langfristige Hilfe gegen Reizüberflutung	51
3	**Lebenspraktische Hilfe – die therapeutische Perspektive**		**53**
	3.1	Der besondere Klient/Die besondere Rolle des Therapeuten	53
		3.1.1 Besonderheit der Kontaktaufnahme	55
		3.1.2 Die ersten Termine	55
		3.1.3 Inhalte in therapeutischen Sitzungen	56
	3.2	Abgrenzung Zwänge – wahrnehmungsbedingtes Verhalten	60
	3.3	Therapeutische Distanz	61
	3.4	Die Rollen des Therapeuten	61
		3.4.1 Experte für Wahrnehmung	62
		3.4.2 Unterstützer bei den Aktivitäten des täglichen Lebens (AdtL's)	62
		3.4.3 Dolmetscher und Anschauungsobjekt	62
		3.4.4 Lebenscoach	63
4	**Strategien und Methoden bei Wahrnehmungsveränderungen**		**64**
	4.1	Prinzip Hemmung	64
		4.1.1 Kognitive Hemmung	65
		4.1.2 Hemmung durch Autonomie	66
		4.1.3 Hemmung durch Kälte	67
		4.1.4 Hemmung durch Tiefdruck	70
		4.1.5 Hemmung durch Rhythmus	76
		4.1.6 Fazit (Hemmung)	77
	4.2	Sensorische Diät	78
		4.2.1 Sensorische Diät – visuell (Sehen)	79

	4.2.2	Sensorische Diät – auditiv (Hören)	80
	4.2.3	Sensorische Diät – taktil (Tastsinn/Oberflächenwahrnehmung)	83
	4.2.4	Sensorische Diät – vestibulär (Gleichgewicht)	85
	4.2.5	Sensorische Diät – propriozeptiv (Körperwahrnehmung)	86
	4.2.6	Sensorische Diät – gustatorisch (Geschmack)	88
	4.2.7	Sensorische Diät – olfaktorisch (Riechen)	89
	4.2.8	Sensorische Diät – viszeral (Wahrnehmung der inneren Organe)	90
4.3		Wie lässt sich im Alltag Reizüberflutung vermeiden?	91
	4.3.1	Zuhause	91
	4.3.2	Schule	94
	4.3.3	Mobilität	96
	4.3.4	Freizeit	96
	4.3.5	Bekanntschaften, Freundschaften, Beziehungen	97
	4.3.6	Berührungen	99

5 Die Aktivitäten des täglichen Lebens (AdtL) 100

5.1		Die Bedeutung von Betätigung	100
	5.1.1	Der Umweltaspekt	101
5.2		Die Aktivitäten des täglichen Lebens	102
	5.2.1	Selbstversorgung	102
	5.2.2	Schule/Ausbildung	104
	5.2.3	Mobilität	105
	5.2.4	Freizeit	108
	5.2.5	Wohnen	108
	5.2.6	Schlafen	109
	5.2.7	Termine/Arztbesuche/Telefonate	110
	5.2.8	Hygiene	111
	5.2.9	Freundschaft/Kontakte	112
5.3		Weitere Hilfsangebote	113

6	**Arbeit**		**115**
	6.1 Einleitung		115
	6.2 Der autistische Arbeitnehmer – eigentlich ein Jackpot		116
		6.2.1 Der autistische Mitarbeiter – Bedeutung und Potential für Unternehmen	116
	6.3 Die derzeitige Arbeitssituation für Autisten		117
	6.4 Fallstricke für den beruflichen Erfolg autistischer Mitarbeiter		118
		6.4.1 Übergangssituationen	118
		6.4.2 Bewerbung	118
		6.4.3 Vorstellungsgespräch	119
		6.4.4 Kommunikation	119
	6.5 Best-Practice für autistische Mitarbeiter		121
		6.5.1 Umgang des Unternehmens mit Autismus – Unternehmenskultur	122
		6.5.2 Soziale Interaktion	122
		6.5.3 Arbeitsplatz und besondere Wahrnehmung	126
		6.5.4 Allgemeines Stressmanagement	129
	6.6 Der autistische Mitarbeiter – Fazit		131
7	**Autismus in der Ergotherapie – Fallbericht einer Mutter zweier autistischer Kinder**		**132**
8	**Übersicht: Typische Anzeichen und Hilfsmaßnahmen**		**139**
	8.1 Propriozeption (Körperwahrnehmung)		140
	8.2 Taktile Wahrnehmung (Berührungsempfinden)		141
	8.3 Vestibuläre Wahrnehmung (Gleichgewichtsempfinden)		143
	8.4 Olfaktorische Wahrnehmung (Geruchsempfinden)		144
	8.5 Gustatorische Wahrnehmung (Geschmacksempfinden)		146
	8.6 Viszerale Wahrnehmung (Wahrnehmung der inneren Organe)		147
	8.7 Auditive Wahrnehmung (Hörempfinden)		148

8.8	Visuelle Wahrnehmung (Sehempfinden)	150

Literaturverzeichnis **152**

Register **155**

Vorwort

Fast zwanzig Jahre arbeitete ich in einer ergotherapeutischen Praxis mit Menschen aus dem autistischen Spektrum. Als Therapeutin der Sensorischen Integration (SI-Therapie) erschien mir dieser Ansatz geeignet, da im Zentrum dieser Therapieform die Wahrnehmung mit ihren möglichen Veränderungen steht.

Bereits die ersten Versuche zeigten Erfolge: meine Patienten[2] konnten mit Hilfe der SI Sinnesreize besser verarbeiten. Bei einigen Klienten konnte ich sogar eine »Gewöhnung« (Desensibilisierung) an bestimmte Reize feststellen.

Ängstliche Kinder entwickelten neues Selbstbewusstsein. Sie wurden mutiger im Umgang mit schwierigen Sinnesreizen und blieben in neuen Situationen entspannter. Als mich am Ende einer Behandlung ein taktil überempfindliches Mädchen aufforderte, zu ihr ins Schwungtuch zu steigen, war das überwältigend.

Eltern der betroffenen Kinder erlebten die Erklärungsmodelle der SI als entlastend. Sie konnten das z. T. extreme Verhalten ihrer Kinder in bestimmten Situationen besser verstehen und zuordnen. Das Verhältnis zwischen Eltern und Kindern entspannte sich, wovon beide Seiten profitierten.

Eltern wie betroffene Kinder lernten Möglichkeiten kennen, aktiv auf die (Wahrnehmungs-) Besonderheiten einzuwirken und Reizüberflutungen vorzubeugen. Der Alltag wurde entspannter. Zugleich erreichten die

---

2 Zugunsten einer lesefreundlichen Darstellung wird in der Regel die neutrale bzw. männliche Form verwendet. Diese gilt für alle Geschlechtsformen (weiblich, männlich, divers) gleichermaßen und soll keinem bestimmten Geschlecht den Vorzug geben.

Kinder einen Zustand, der ihnen z. T. erstmals ermöglichte, ihre Potenziale auszuschöpfen. Längerfristig veränderte dies das defizitäre Selbstbild der Kinder und die Hilflosigkeit der Eltern. Sich als selbstwirksam und handlungsfähig zu erleben und Reizüberflutungen nicht mehr hilflos ausgeliefert zu sein, führte zu mehr Lebenszufriedenheit.

Nach einigen Jahren fanden immer mehr erwachsene autistische Klienten den Weg in die Ergotherapie. Während ich mit den Kindern klassisch spielerisch vorwiegend im Turnraum arbeitete, beinhaltete die Arbeit mit Erwachsenen zunächst die Aufklärung über Zusammenhänge der Wahrnehmungsbesonderheiten. Die Erklärungsmodelle der SI wurden dabei als äußerst entlastend erlebt, da sie Erklärungen für objektiv unangemessenes Verhalten in bestimmten Situationen liefern. Gleichzeitig bietet die Therapie Strategien, um den Wahrnehmungsbesonderheiten Rechnung zu tragen. Der hierdurch verringerte Stresspegel ermöglicht es, die eigenen Potenziale besser auszuschöpfen. Diese Selbstwirksamkeit zu erleben, führt auch bei Erwachsenen zu neuem Selbstbewusstsein.

Frau Dr. Preißmann, mit der ich seit 2009 zusammenarbeite, hat mich ermutigt, dieses Buch zu schreiben.

Es ist gleichermaßen an Menschen mit und ohne Autismus gerichtet und soll erklären, welchen Einfluss die Wahrnehmung hat und über welche Mechanismen Erleichterung und eine bessere Leistungsfähigkeit im Alltag zu erreichen sind.

In den letzten Jahren durfte ich viele autistische Klienten im beruflichen Kontext unterstützen. Das Thema »Arbeit« wurde im gleichen Zuge für mich und mein Wirken immer wichtiger, weshalb ich mich zur Personalreferentin weiterbildete.

Inspiriert von meinen beruflichen Veränderungen, verleihe ich dem Thema Arbeit mehr Gewicht und widme ihm nun ein ganzes Kapitel.

Danksagung

Ein herzliches Dankeschön an Frau Dr. med. Christine Preißmann, die mich ermutigte, dieses Buch zu schreiben, meiner Familie, die mir den Rücken freihielt, so dass ich Zeit zum Schreiben hatte, meiner Freundin Frau Dr. Henriette Heidbrink, die mir immer wieder half, Struktur in meine Gedanken zu bringen und meinem Vater, der das Buch in jeder Version las und mir hilfreiche Rückmeldungen gab.

Außerdem danke ich Frau Dipl.-Psych. Annika Grupp vom Kohlhammer-Verlag, die mich sicher durch die mir neuen Gewässer der Buchentstehung manövrierte, mir wertvolle Tipps und Rückmeldungen gab und stets meine Interessen hinterfragte und berücksichtigte.

Vielen Dank auch an Herrn Florian Rotberg, der mich bei der Gestaltung der 2. Auflage so wertvoll beriet und unterstützte.

Zuletzt ein ganz herzliches Dankeschön an meine Klientinnen und Klienten, deren Geschichten ich hier erzählen darf.

1 Einleitung

»Die Autismus-Spektrum-Störung wird heute als ein bestimmtes Cluster an Persönlichkeitseigenschaften angesehen, das mit Stärken und Schwächen einhergeht« (Schildbach, 2019, S. N1).

Wenn autistische Menschen lernen, kompetent mit ihren Wahrnehmungsbesonderheiten umzugehen, gelingt es ihnen oft erstmals, ihre Potenziale auszuschöpfen. Sie entdecken ihre Stärken und können sie selbstbewusst den Schwächen entgegensetzen.

Die Sensorische Integrationstherapie (SI-Therapie) wird zunehmend bei Autismus-Spektrum-Störungen eingesetzt.

Liegen Wahrnehmungsveränderungen vor, verbessert SI-Therapie bei positivem Verlauf:

- motorische Koordination,
- Auge-Hand-Koordination,
- Aktivierungsniveau,
- Konzentrationsfähigkeit,
- Handlungsplanung,
- Lernschwierigkeiten,
- sprachliche und kommunikative Fähigkeiten,
- Verhaltensprobleme sowie
- Selbst- und Fremdwahrnehmung.

Die amerikanische Psychologin und Ergotherapeutin Dr. A. Jean Ayres entwickelte in den 1970er-Jahren den therapeutischen Ansatz »Sensorische Integrationstherapie«. Nachdem sie in den 1950er-Jahren als Teil einer Forschungsgruppe Kinder mit Lernschwierigkeiten untersuchte, kam sie zu dem Schluss, dass neuronale Dysfunktionen die Ursache ihrer Schwierigkeiten waren. Ihre Idee war es, »hirnfunktionale Störungen durch gezielte Nachentwicklung zu verbessern« (Schaefgen, 2007, S. 5).

> »Die Sensorische Integration ist ein normaler neurologischer Prozess, bei dem das Gehirn eingehende Sinnesreize aus der Umwelt ordnet, und dem Menschen ermöglicht, sich in seiner Umwelt angemessen zu verhalten. Die Sinnesreize werden organisiert und verarbeitet, verknüpft und interpretiert. Auf diese Art und Weise werden die Sinnesinformationen für den Menschen bedeutsam und nutzbar. Diese Nutzung kann in einer Wahrnehmung oder Erfassung des Körpers oder der Umwelt bestehen, aber auch in einem angepassten Verhalten oder einem Lernprozess. Durch die Sensorische Integration wird erreicht, dass alle Abschnitte des Zentralnervensystems, die erforderlich sind, damit ein Mensch sich sinnvoll und emotional zufrieden mit seiner Umgebung auseinandersetzen kann, aufeinander abgestimmt werden.«
> (Definition der Gesellschaft für Sensorische Integration Deutschland e. V. – GSID).

SI-Therapie findet in spielerischer Umgebung statt, meist in Räumen mit Klettermöglichkeiten, aufgehängten Spielgeräten, Matten, Trampolinen, Hängematten und teilweise unebenem Boden. »Das wichtigste Therapiemittel ist aber der Körper des Kindes« (Ayres, 2016, S. 197). In spielerischer Atmosphäre beobachtet der Therapeut genau, »wie die Sinnessysteme aktiviert werden, und ob bestimmte Verhaltensweisen auftreten oder nicht« (ebd.). Die Bewegungsaktivitäten werden dabei eingesetzt, um eine Verbesserung der Hirnfunktion zu erreichen (vgl. ebd., S. 196). »Eins der Behandlungsziele ist es, die Selbststeuerung des Kindes zu stärken, damit es selbstbestimmter leben kann.« (ebd., S. 198).

Hauptsächlich wird die SI-Therapie bei Kindern angewendet, mittlerweile aber auch bei erwachsenen Klienten mit Körperwahrnehmungsstörungen (z. B. aus der Neurologie, Psychiatrie und Gerontologie).

Lorna J. King – ihres Zeichens Pionierin der SI – beziffert die Zahl »aller Kinder mit Autismus, die zusätzlich Defizite in der Verarbeitung von Sinnesreizen aufweisen« auf »etwa 85 bis 90 Prozent« (King, 1996, S. 5). SI bietet sich also explizit bei Autismus an.

Roseann Schaaf, stellvertretende Direktorin an der Thomas Jefferson University in Philadelphia, erklärt die »Entstehung typisch autistischer Verhaltensweisen, die bei 80 Prozent der autistischen Menschen auftreten, durch Schwierigkeiten mit der sensorischen Modulation« (Schaaf, Toth-Cohen, Johnson, Outten & Benevides, 2011, S. 374).

Zu diesen typischen Verhaltensweisen zählen:

- Selbststimulation (z. B. Wippen mit dem Oberkörper, Flattern mit den Händen, sich drehen),
- Vermeidungsverhalten (z. B. sich bei Zimmerlautstärke die Ohren zuhalten),
- sensorische Reizsuche (z. B. Nesteln an Kleidung, Kauen an den Lippen),
- Nicht-Wahrnehmung von Reizen (z. B. fehlende Reaktion auf Ansprache).

Die SI-Therapie setzt an Wahrnehmungsbesonderheiten an. Über- und unterempfindliche Kinder erreichen in der Therapie einen Erregungszustand, in dem sie Reize aus der Umwelt adäquat verarbeiten können und somit auch adäquate Reaktionen zeigen. Das Verhalten ist angemessen.

Dies funktioniert auch bei Autismus: In einer amerikanischen Pilotstudie wurden bei der Behandlung von autistischen Kindern mit SI-Therapie deutlich positive Veränderungen in typisch autistischem Verhalten wie Stereotypien oder stark eingegrenzten Interessen festgestellt (vgl. Pfeiffer, Koenig, Kinnealey & Sheppard, 2011).

Eine Metastudie von 2018 (vgl. Schoen et al.) ergab die Wirksamkeit der Sensorischen Integrationstherapie bei autistischen Kindern, insbesondere bei 4–12-jährigen mit einem IQ über 65.

In der ergotherapeutischen Praxis werden neben der Sensorischen Integrationstherapie sensorisch-basierte Interventionen für die Klienten genutzt. Als handlungsorientierte Therapieform ist der Fokus immer auf die Aktivitäten des täglichen Lebens (AdtL's) und die Teilhabe ausgerichtet. So können Strategien aus der Therapie im täglichen Leben genutzt werden.

Während in Literatur und Studien das Augenmerk vor allem auf der Arbeit mit Kindern liegt, können auch erwachsene Autisten durch das Verständnis der Wahrnehmungszusammenhänge ihre Lebensqualität verbessern. Wer versteht, warum er in bestimmten Situationen einer Reizüberflutung erliegt, kann frühzeitig dagegen ansteuern. Er erlebt sich als selbstwirksam.

2 Wahrnehmung und Autismus

Um die wahrnehmungsspezifischen Probleme von autistischen Menschen zu verstehen, ist es hilfreich, den Prozess der Wahrnehmung im Allgemeinen zu betrachten. So werden die veränderten Reaktionen auf einen Reiz nachvollziehbar.

> **Definition der Wahrnehmung**
>
> Wahrnehmung ist der Prozess und das Ergebnis der Informationsgewinnung und -verarbeitung von Reizen aus der Umwelt und dem Körperinneren eines Lebewesens. Die Informationen werden gefiltert und Teil-Informationen zusammengeführt, so dass subjektiv sinnvolle Gesamteindrücke entstehen. Diese werden laufend mit gespeicherten Vorstellungen abgeglichen.

2.1 Wahrnehmung als Prozess

Im Prozess der Wahrnehmung (▶ Abb. 2.1) werden Reize über die Sinnesorgane aus dem Körperinneren (Nahsinne) oder der Umwelt (Fernsinne) aufgenommen. Über Nervenfasern gelangen die Informationen ins Gehirn, wo sie verarbeitet und mit Reizen aus anderen Sinnessystemen verschaltet werden. Die Reize werden gefiltert, so dass nur »wichtige« Informationen ins Bewusstsein gelangen. Es erfolgt ein Abgleich mit gespeicherten Informationen. Der Reiz wird als »gefährlich« oder »angenehm« bewertet, woraufhin eine entsprechende Reaktion erfolgt (Kampf, Flucht, Erstarrung oder Hingabe). Die Reaktion, die mit Bewegung oder veränderten Tonusverhältnissen der Muskulatur einhergeht, bewirkt eine neue Reizaufnahme. Der Wahrnehmungsprozess nimmt seinen Lauf.

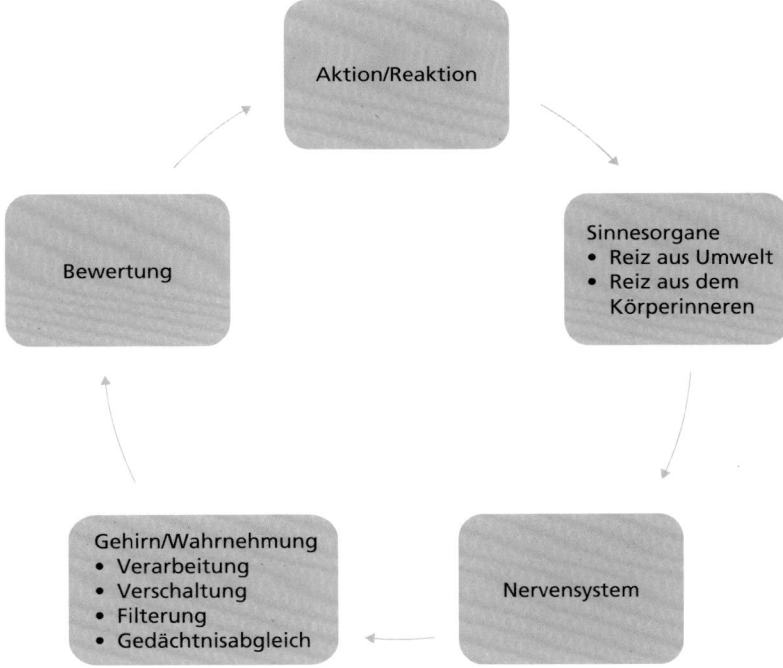

Abb. 2.1: Die Wahrnehmung als Prozess

Im Autismus arbeiten die Filtersysteme nicht adäquat, was eine Über- bzw. Unterempfindlichkeit für spezifische Reize zur Folge hat und zu einer veränderten Bewertung führt. Reize, die objektiv unbedeutend sind, werden z. B. als »Angriff« bewertet. Die subjektiv passende Reaktion ist Verteidigung; objektiv wirkt sie unangemessen.

Eine adäquate Wahrnehmung ist zunächst davon abhängig, dass unsere acht Sinnessysteme einwandfrei funktionieren:

2 Wahrnehmung und Autismus

Fernsinne

- auditive Wahrnehmung (Hören)
- visuelle Wahrnehmung (Sehen)
- gustatorische Wahrnehmung (Schmecken)
- olfaktorische Wahrnehmung (Riechen)
- taktile Wahrnehmung (Fühlen/Tasten)

Nahsinne

- propriozeptive Wahrnehmung (Körperwahrnehmung: z. B. Ausmaße, Gelenkstellung, Muskeltonus)
- vestibuläre Wahrnehmung (Gleichgewichtsempfinden)
- viszerale Wahrnehmung (Wahrnehmung der inneren Organe: z. B. Blase, Darm, beschleunigter Herzschlag)
- taktile Wahrnehmung (Hitze- und Kälteempfinden, Wahrnehmung von Schmerz und unspezifischer Berührung)

Unsere Sinnessysteme nehmen Reize aus dem Körper und der Umwelt auf. Im Gehirn werden die Eindrücke der verschiedenen Sinne miteinander verschaltet und mit bereits Erlebtem abgeglichen, so können Reize eindeutig identifiziert und adäquat bewertet werden, worauf die passende Reaktion erfolgt.

Nehmen wir beispielsweise ein tiefes Grollen wahr (auditive Wahrnehmung) und fühlen zugleich Wind auf der Haut (taktile Wahrnehmung), während sich über uns der Himmel verdunkelt (visuelle Wahrnehmung), so erkennen wir Donner als Ursache des Geräuschs. Wir gehen ins Haus (adäquate Reaktion), da wir wissen (Gedächtnisabgleich), dass es gefährlich ist, sich während eines Gewitters draußen aufzuhalten.

Die adäquate Reaktion auf einen Reiz ist abhängig von der adäquaten Wahrnehmung, der Verschaltung, der verschiedenen Wahrnehmungsmodalitäten und der Bewertung.

2.2 Wahrnehmung bei Autismus (Diskrimination und Modulation)

Bereits in den 1980er-Jahren wurden bei autistischen Kindern und Erwachsenen außergewöhnliche Reaktionen auf sensorische Reize beschrieben. Autistische Kinder reagierten entweder zu stark, zu schwach oder gar nicht auf sensorische Stimuli (vgl. Fisher, Murray & Bundy 2001, S. 597; siehe auch Allen 1988; Ayres & Tickle, 1980; Baumann & Kemper, 1985).

Wahrnehmungsschwierigkeiten können im Bereich der Diskrimination oder in der Modulation auftreten. Häufig bestehen in beiden Bereichen gleichermaßen Defizite.

Die Diskriminationsstörung ist definiert als »Schwäche, die räumlichen oder zeitlichen Qualitäten von Berührung, Bewegung und Körperposition zu interpretieren« (Bundy, Lane & Murray, 2007, S. 303). Sie geht häufig mit einer Störung der Praxis[3] einher. Die Defizite liegen entweder in der vestibulär-propriozeptiven Verarbeitung oder der taktilen Diskrimination. Typisch sind Schwierigkeiten im Gleichgewicht, der Bewegungsgenauigkeit und im Ertasten von Gegenständen. Manchmal entwickelt sich ein schlechtes Handschema, was zu Schwierigkeiten in der Fein- und Grafomotorik (Schreibmotorik) führen kann.

Die sensorische Modulation ist die Fähigkeit, Reize so zu filtern, dass sie in angemessener Intensität wahrgenommen werden, was situationsangemessene Reaktionen ermöglicht.

»Jeder sensorische und motorische Prozess beinhaltet ein komplexes Zusammenspiel von bahnenden und hemmenden Kräften, um die wesentlichen Informationen weiterzuleiten und unwesentliche zu unterdrücken« (Ayres, 2016, S. 48). Ohne ausreichende Hemmung würden sich »sensorische Impulse wie ein Lauffeuer im Nervensystem ausbreiten und zu völliger Reizüberflutung führen, so dass wir nicht mehr zu einer sinnvollen Handlung fähig wären« (Ayres, 2016, S. 48). Wie intensiv ein Reiz erlebt wird, lässt sich von außen anhand der Reaktion (Responsivität) messen: »das sichtbare Verhalten aufgrund der (nicht sichtbaren) Emp-

---

3 Unter Praxie versteht man die Fähigkeit, Handlungen in sinnvoller Reihenfolge ihrer Teilschritte durchzuführen.

findlichkeit des ZNS gegenüber bestimmten Reizen« (Bundy, Lane & Murray, 2007, S. 117).

Bei einer Modulationsstörung bestehen Defizite in den Filtersystemen. Die veränderte Intensität von Wahrnehmung ist dabei nicht konstant, was ständig veränderte Reaktionen auf Reize zur Folge hat.

Die effektive Auseinandersetzung mit der Umwelt wird erschwert. Die Welt wird unberechenbar und genauso unberechenbar wird das Verhalten von Betroffenen für ihre Umwelt.

2.3 Über- und Unterempfindlichkeit der Wahrnehmung

Die Folge von Modulationsstörungen ist eine zu intensive Wahrnehmung (Defensivität) oder eine zu wenig intensive Wahrnehmung (Dormanz). Sensorische Defensivität und Dormanz können dabei als entgegengesetzte Enden eines Kontinuums betrachtet werden (vgl. auch Murray & Bundy, 2002).

Bei der Defensivität geht man von einer verringerten Reizschwelle aus, in deren Folge bereits wenig intensive Reize massive Reaktionen hervorrufen können. Objektiv unbedeutende oder irrelevante Reize werden bereits als bedrohlich oder schmerzhaft erlebt, was heftige Reaktionen hervorruft.

> Lukas[4] wurde von seiner Mutter in der Ergotherapie vorgestellt. Sie selbst erlebte ihren Sohn als freundlich und zugewandt. Als Lukas' Erzieher von seinem aggressiven Verhalten gegenüber anderen Kindern berichteten, fiel sie aus allen Wolken. Grundlos würde ihr Sohn auf andere losgehen und sie schlagen oder treten. In der ergotherapeutischen Diagnostik zeigte sich eine taktile Überempfindlichkeit und eine

---

4 Alle im Buch dargestellten Fallberichte wurden anonymisiert, um die Privatsphäre der Klienten zu schützen.

massive Schwerkraftunsicherheit. Gleichzeitig verhielt sich der Junge freundlich und hilfsbereit. Schnell wurde klar, dass seine wütenden Reaktionen Resultat einer veränderten Wahrnehmung waren. Er erlebte unvorhergesehene Berührungen anderer Kinder als schmerzhaft und bewertete sie als Angriff. Er reagierte entsprechend seiner Wahrnehmung mit Verteidigung. Ebenso erlebte Lukas es als bedrohlich, wenn ihn ein Kind im Vorbeilaufen streifte. Aufgrund seiner Schwerkraftunsicherheit geriet er ins Schwanken und verlor das Gleichgewicht. Wieder wehrte er sich.

Bei Menschen mit Defensivität gelangen irrelevante Reize ins Bewusstsein und werden mit zu hoher Intensität wahrgenommen.

> Dieses intensive Erleben kann nachvollziehen, wer schon einmal in freier Natur übernachtet hat. Geräusche, denen man während des Tages kaum Beachtung schenkt, wie das Knacken eines Zweiges oder das Rascheln im Gebüsch, wirken nachts plötzlich bedrohlich. Die Wachheit steigt und man lauscht umso intensiver und aufmerksamer in die Dunkelheit. An Schlaf ist nicht zu denken.

Bei der Dormanz lässt sich die verringerte Reaktion auf Reize mit einer erhöhten Reizschwelle erklären (Dunn, 2017, S. 80). Diese wird nur bei intensiven Reizen überschritten, weshalb erwartete Reaktionen häufig ausbleiben.

Eltern autistischer Kinder berichten oft, ihr Kind reagiere nicht auf Ansprache, wenn es in einer Tätigkeit versunken sei. Häufig finden bei Menschen, die später die Diagnose Autismus erhalten, bereits in jungen Jahren Untersuchungen des Gehörs statt. Das Sinnesorgan Ohr funktioniert jedoch einwandfrei. Schwierigkeiten bestehen in der Filterung: normal-intensive Reize gelangen nicht ins Bewusstsein.

Über- und Unterempfindlichkeiten können sämtliche Wahrnehmungsbereiche betreffen und sie können parallel bei der gleichen Person bestehen, wobei häufig Variationen je nach Tagesform zu beobachten sind.

Bei Menschen aus dem Autistischen Spektrum findet man häufig dieses Bild:

2 Wahrnehmung und Autismus

Körperwahrnehmung	*herabgesetzt*
taktile Wahrnehmung	*überempfindlich*
auditive Wahrnehmung	*überempfindlich*
visuelle Wahrnehmung	*überempfindlich*
vestibuläre Wahrnehmung	*überempfindlich*
olfaktorische Wahrnehmung	*überempfindlich*
gustatorische Wahrnehmung	*beides möglich*
viszerale Wahrnehmung	*herabgesetzt*

Die Verteilung der über- und unterempfindlichen Sinnesbereiche beruht auf Beobachtungen in der Praxis. Auch Abweichungen wurden beobachtet. So kommen z. b. immer wieder motorisch geschickte autistische Kinder zur Ergotherapie, die eine gute Körperwahrnehmung haben.

Gemeinsam haben fast alle Menschen aus dem autistischen Spektrum, dass bei Ihnen Überempfindlichkeiten bestehen, die sich auf ihr Verhalten, ihre Motorik und ihre kognitiven Funktionen auswirken und einen hohen Leidensdruck verursachen. Häufig bewirken diese Veränderungen vor allem bei Frauen und Mädchen ein defizitäres Selbstbild.

2.3.1 Sensorische Dormanz

Bei der Sensorischen Dormanz arbeiten die Filtersysteme im Gehirn zu intensiv. Es werden nur wenige Reize durchgelassen. Nur starke und intensive Reize gelangen ins Bewusstsein.

Der Muskeltonus ist herabgesetzt und die Reizweiterleitung verlangsamt.

> Eine achtjährige Klientin sollte ihre Unterschrift auf der Verordnung leisten. Sie schlurfte (geringer Muskeltonus) über den Teppichboden ins Büro. Am Schreibtisch angekommen, stütze sie sich auf dem Bürostuhl ab (geringer Muskeltonus). Hierbei kam es zu einer elektrostatischen Entladung: Mit dem typischen surrenden Geräusch blitzte ein circa zwei Zentimeter langer Lichtstrahl zwischen ihrem Finger und dem Metallteil des Bürostuhls auf. Im nächsten Augenblick passierte – nichts. Es

dauerte volle zwei Sekunden, bis das Mädchen reagierte. Erst dann hob es den Finger in sein Blickfeld und sagte »Au!« (verlangsamte Reizweiterleitung).

Wenn ein solch intensiver Reiz wie ein elektrischer Stromschlag volle zwei Sekunden benötigt, um ins Bewusstsein zu gelangen und eine Reaktion hervorzurufen, ist es naheliegend, dass Menschen mit sensorischer Dormanz besonders verletzungsgefährdet sind. Aufgrund ihres geringen Muskeltonus' kommen sie schneller ins Straucheln als die meisten Menschen. Da sie die Veränderung ihrer Körperhaltung erst verspätet registrieren und auch verzögert darauf reagieren, kommt es häufig zu Stürzen. Aufgrund der verspäteten Reaktionen fangen sich Betroffene nur unzureichend ab, was zu schwerwiegenden Verletzungen führen kann.

Menschen mit sensorischer Dormanz sind aufgrund des geringen Muskeltonus' eher inaktiv. Jede Bewegung bedeutet große Anstrengung. Kinder neigen dazu auf dem Boden sitzend zu spielen (z. B. im Zwischenfersensitz). Entfernt liegendes Spielzeug wird sehnsüchtig betrachtet. Jedoch werden keine Anstrengungen unternommen, sich darauf hinzubewegen. Das Aufstehen vom Boden geschieht unter Ausnutzung maximaler Unterstützungsfläche: erst erfolgt die Drehung in den Vierfüßlerstand, dann stützen sich Betroffene auf Boden und Knien ab und nach Möglichkeit ziehen sie sich auch noch an Stühlen oder Tischen hoch.

Menschen mit sensorischer Dormanz sind häufig etwas untersetzt. Sie essen gerne und viel, da sie kein (oder ein verspätetes) Sättigungsgefühl verspüren und Nahrung als Stimulus verwenden, um ihre Wachheit zu steigern.

2.3.2 Sensorische Defensivität

Bei der sensorischen Defensivität oder »Überempfindlichkeit« arbeiten die Filtersysteme des Gehirns unzureichend. Auch schwache und vermeintlich unbedeutende Reize gelangen ins Bewusstsein. Durch dieses intensive Erleben wird permanente Bedrohung empfunden, obwohl objektiv gesehen keine Gefährdungssituation besteht.

2 Wahrnehmung und Autismus

Der Körper reagiert auf die als bedrohlich eingestuften Reize mit einer Erhöhung des Muskeltonus'. Körper und Geist sind in einer »Hab-Acht-Haltung« und bereit zu Kampf oder Flucht. Durch die erhöhte Körperspannung fällt es Betroffenen schwer, sich »geschmeidig« zu bewegen. Ihre Bewegungen wirken staksig und eckig.

Der erhöhte Muskeltonus wirkt sich auch auf den Sprechapparat aus: Durch die erhöhte Muskelspannung in Bereich des Kehlkopfes wird die Stimme höher, lauter und manchmal etwas schrill.

> Wer sich selbst in emotional anstrengenden Situationen erlebt (z.B. beim Halten eines Vortrages) kann dasselbe beobachten: Steigt die körperliche Anspannung, erhöht sich zugleich die Sprechstimme.

Die intensive Wahrnehmung geht meist auch mit einer erhöhten Schmerzempfindlichkeit einher. Bereits kleine Blessuren werden als sehr schmerzhaft empfunden. Zusätzlich feuern die Nervenzellen auch bei Reizen, die normalerweise keine Schmerzrezeptoren innervieren. Bei Überempfindlichkeit können leichte Berührungen, Geräusche oder grelles Licht Schmerzen hervorrufen.

Defensive Menschen erleben Schmerzen tatsächlich intensiver. Ihnen Wehleidigkeit zu unterstellen, würde ihnen Unrecht tun.

2.4 Folgen von Wahrnehmungsveränderungen bei Autismus

2.4.1 Wahrnehmungsveränderungen und Motorik

Die Unterempfindlichkeit in der Körperwahrnehmung (Propriozeption) führt zu Defiziten in der Motorik. Da die Informationen der Gelenkrezeptoren und der Muskelspindeln im Gehirn nicht adäquat verarbeitet werden, kommt es zu einem verminderten Gespür für den eigenen Körper.

Die eigenen Ausmaße, die Muskelspannung und Gelenkstellung werden nicht richtig erfasst, woraus sich eine motorische Ungeschicklichkeit mit Bewegungsungenauigkeit und mangelnder Kraftdosierung ergibt. Aufgrund von verspäteten Reaktionen besteht zusätzlich eine erhöhte Unfallgefahr.

Häufig gehen Betroffene Bewegungsangeboten aus dem Weg. Dieses Vermeidungsverhalten kann verschiedene Ursachen haben:

- geringer Muskeltonus: Jede Bewegung wird zur großen Anstrengung;
- erhöhtes Schmerzempfinden;
- taktile Überempfindlichkeit: Angst vor Berührung durch Menschen oder mit unangenehmen Materialien;
- vestibuläre Überempfindlichkeit: Kopf-Lage-Veränderungen führen zu Übelkeit bis hin zum Erbrechen.

Mangelnde Propriozeption bedingt eine schlechtere Wahrnehmung der Hände, so dass auch mit Defiziten in der Feinmotorik zu rechnen ist. Besteht nun zusätzlich eine taktile Defensivität, werden Materialien gemieden und variationsreiches Explorieren findet nicht statt. Die Hände werden weniger darin geübt, sich an verschiedene Materialien (feste, harte, weiche, glatte, biegsame, klebrige, schwere, leichte…) anzupassen, woraus z. B. Schwierigkeiten in der Kraftdosierung entstehen.

Einige autistische Kinder nutzen zur Senkung ihres Stresspegels das Fäusteballen oder das Händeschütteln. Während die positiven Auswirkungen auf ihr Aktivierungsniveau unbestritten sind, stehen die Hände währenddessen für feinmotorische Tätigkeiten nicht zur Verfügung.

2.4.2 Wahrnehmungsveränderungen und Verhalten

Wie wir unsere Umwelt wahrnehmen, so verhalten wir uns. Erleben wir unser Umfeld als angenehm und wohlgesonnen, so entspannen wir uns. Es gelingt uns, unsere Aufmerksamkeit ganz auf unser Tun zu richten und unser Potenzial zu entfalten.

Stufen wir unsere Umgebung jedoch als bedrohlich ein, so bleiben wir angespannt, um schnell kampfbereit zu sein oder fliehen zu können.

2 Wahrnehmung und Autismus

Unter dieser Anspannung verbleibt immer eine Rest-Aufmerksamkeit bei der Umgebung. Wir sind also ständig durch äußere Reize abgelenkt, da unser System überprüfen muss, ob Gefahr droht. In Anspannung können wir unsere Potenziale nicht entfalten.

Menschen mit sensorischer Defensivität sind ständig angespannt. Von überall her scheint Gefahr zu drohen. Defensive Menschen sehnen sich daher nach einem Maximum an Routine. Sie lieben Rituale. Das »Wiederkehrende« verschafft Sicherheit; man weiß, womit man zu rechnen hat. In jeder Abweichung von Bekanntem und Gewohntem hingegen lauert die Gefahr. Daher reagieren gerade Kinder, die noch wenig Autonomie über ihren eigenen Tagesverlauf haben, mit massiver Gegenwehr bei Abweichungen von der Routine. Sie gelten in ihrer Umgebung schlechthin als unflexibel. Der Hintergrund dieser Inflexibilität ist jedoch Streben nach Sicherheit; in Maslows Bedürfnispyramide – nach den physiologischen Bedürfnissen (Hunger, Durst etc.) – das zweite menschliche Grundbedürfnis (an dritter Stelle stehen gemäß Maslow soziale Bedürfnisse [Freundschaft, Liebe etc.], an vierter Stelle Individualbedürfnisse [z. B. Anerkennung und Geltung] und an fünfter und letzter Stelle das Bedürfnis nach Selbstverwirklichung).

Inflexibilität:

> »Musik stresst ihn und löst ungewollte Reaktionen in ihm aus, ebenso viele Menschen, Familienfeste oder Klassenfahrten. Er mag keine außerschulischen Veranstaltungen, da die Ungewissheit des Ablaufs ihn schon stresst. Alles, was er nicht kalkulieren kann, stresst ihn und baut eine Art Leidensdruck auf. Dann fragt er immer wieder dasselbe, um diesen Druck abzubauen. Die Frage, was er sich denn wünsche, stresst ihn ebenso wie unerwarteter Besuch oder Fremde, an der Tür klingelnde Menschen, die womöglich auch noch unser Haus betreten wollen. Handwerker sind dabei der ›Supergau‹, da sie im schlimmsten Fall sogar noch zur Toilette müssen« (Schinhofen, zit. in Preißmann, 2017, S. 55).

Defensive Menschen reagieren auf plötzliche, unbekannte und damit nicht kalkulierbare Ereignisse mit Angst und Affektlabilität (Wutausbrüche, Schreien, Weinen).

Insbesondere Kinder geraten häufig an ihre Grenzen. Ihr Alltag ist weitestgehend fremdbestimmt und sie können nur wenig Einfluss auf Abläufe nehmen oder im Falle von Erschöpfung beispielsweise den Einkauf im Supermarkt auf den nächsten Tag verschieben.

2.4 Folgen von Wahrnehmungsveränderungen bei Autismus

Versetzt man sich in die Lage eines Kindes, dessen Sinnessystem von überall her Gefahr wittert, so begreift man die Dimension des Kontrollverlusts, wenn sein sicher geplanter Tagesverlauf plötzlich verändert wird. Innerlich schlagen alle Systeme Alarm und das Kind hat keine Kontrolle mehr über seine massiven emotionalen Reaktionen.

Während Wutanfälle als Reaktion auf Planänderungen bei Kindern häufig beschrieben werden, berichten auch erwachsene Autisten von ähnlichen Stressreaktionen.

Situationen mit unbekannten Komponenten oder nicht kalkulierbaren beteiligten Personen bringen sie an den Rand des Ertragbaren bis zur Reizüberflutung. Das Bedürfnis nach Sicherheit geht so weit, dass auch auf erwartbar freudige Ereignisse lieber verzichtet wird, als sich dem Unbekannten auszusetzen:

> »Unerwartete Ereignisse und Veränderungen aller Art gehören für autistische Menschen zu den größten Problemen in ihrem Leben. Da sie immer dann Stress empfinden, wenn sie überrascht werden von Dingen oder Situationen, die sie so nicht erwartet haben, ist es in allen Lebensbereichen hilfreich, ihnen so viele Informationen wie möglich zur Verfügung zu stellen, Veränderungen rechtzeitig anzukündigen etc. Das betrifft manchmal auch für andere Kinder ausgesprochen freudige Ereignisse wie Weihnachtsgeschenke, die den Betroffenen aber eher Stress bereiten können. Dann kann es sinnvoll sein, auch hier vorherige Informationen zu geben: »Sie bekam auch keine ›Überraschungsgeschenke‹ mehr, sondern wurde vor Weihnachten ›darauf vorbereitet‹. So konnte sie sich über diese neuen Dinge freuen und war nicht von den vielen neuen Eindrücken ›erschlagen‹« (Bayer, zit. in Preißmann 2013, S. 38).

Bei defensiven Kindern ist ein hohes Streben nach Autonomie und Kontrolle im Umgang und im Spiel mit anderen Kindern zu beobachten. Sie agieren als »Spielbestimmer« und legen fest, wer welche Rolle übernimmt und sich wie wohin bewegt. In diesem Verhalten geht es nicht um das Ausüben von Macht, sondern um das Erlangen von Kontrolle über die Situation und damit den Erhalt von Sicherheit. Wer andere »dirigiert«, kennt ihre Laufwege und kann plötzlichen Berührungen und Zusammenstößen vorbeugen, was das taktile und das vestibuläre System schont. Das bestimmende Verhalten dient also dem Selbstschutz. Solange man andere kontrolliert, behält man den Überblick und gerät selbst nicht in Gefahr.

Demselben Grund ist die Auswahl der Spielpartner geschuldet, die häufig jünger oder älter sind: Jüngere Kinder sind dankbar, wenn sie von den älteren als Spielpartner erwählt werden und fügen sich dem Wunsch der Großen. Ältere Kinder haben bereits gelernt, auf jüngere Rücksicht zu nehmen. Von ihnen droht weniger Gefahr als von Gleichaltrigen.

Ein Maximum an Vorhersehbarkeit im Alltag wirkt entspannend. Jedoch lassen sich neue Situationen oder Abweichungen von Routinen nicht immer vermeiden. Gerade Übergangssituationen, wie der Wechsel in die Schule, die Ausbildung oder in den Beruf werden zur Herausforderung. Stress bereiten vor allen die »Unbekannten«, wie Räumlichkeiten, Personen und Abläufe.

2.4.3 Wahrnehmungsveränderung und Kognition

Da Neues und Unbekanntes Stress bereitet, wird das Regelspiel dem Explorieren (Ausprobieren/Variieren) vorgezogen. Alle Mitspieler wissen, womit sie rechnen können. Es gibt keine Überraschungen. Spieler, die sich nicht an die Regeln halten, werden ausdauernd darauf hingewiesen.

Regeln geben Sicherheit. Sie werden dankbar angenommen und präzise verfolgt. Dies gilt für Regeln von Spielen gleichermaßen wie für Gesetzmäßigkeiten der Physik. Alles, was nach bestimmten Regeln funktioniert, versetzt in freudiges Erstaunen.

Spiele ohne Regeln, die Kreativität erfordern, wirken dagegen chaotisch und machen aufgrund der Unberechenbarkeit von Material oder Mitspielern Angst. Die Erwartungen sind unklar: Wie soll man sich verhalten? Welches Ziel soll man verfolgen? Wie werden die Mitspieler agieren? Diese Unsicherheit bereitet Stress.

Im Kindergarten findet man Kinder aus dem autistischen Spektrum häufiger in der Bauecke als im Rollenspiel mit den Altersgenossen. Spielgeräte werden rein funktional bespielt. Das Puppengeschirr wird beispielsweise für Schüttspiele verwendet, um herauszufinden, in welches Gefäß am meisten hineinpasst. Es findet also auch bei vermeintlich kreativem Spielzeug eine Anpassung statt, so dass wieder (physikalische) Regeln (hier: das Volumen) in den Vordergrund treten.

2.4 Folgen von Wahrnehmungsveränderungen bei Autismus

Aufgrund der Überempfindlichkeit und der damit einhergehenden Erwartungsangst entwickeln Menschen mit Defensivität eine besonders gute Vorstellungskraft. Diese entsteht zunächst im Sinne des Selbstschutzes. In Erwartung der schlimmsten Gefahren werden diese in der Fantasie konkret ausgemalt: »Nur wenn ich weiß, womit ich zu rechnen habe, kann ich mich davor schützen«.

Die Vorstellungskraft gepaart mit der Vorliebe für technisches Spielzeug und damit für Vorgänge, die immer den gleichen physikalischen Gesetzmäßigkeiten folgen, verfeinert sich immer mehr. Daraus resultiert häufig eine besondere Stärke im Verständnis für Ursache-Wirkungs-Beziehungen.

> Die Mutter eines Vierjährigen (sensorische Überempfindlichkeit im taktilen und auditiven Bereich) beschrieb: »Er fragte mich beim Fahrradfahren immer wieder, ob ich meine Gangschaltung »eingeschaltet« habe. Er nahm an, diese sei eine Art Motor. Um ihm zu erklären, was die Gangschaltung bewirkt, drehte ich mein Fahrrad um und stellte auch seines (ohne Gangschaltung) auf Sattel und Lenker. Nach einigen Erklärungen, bei denen ich das Pedal mit der Hand drehte und immer wieder Gänge verstellte, erkannte er: »Mama, wenn man das Pedal tritt, dreht sich nur das hintere Rad. Das vordere wird nur angeschoben.
>
> Auch beliebt ist die Aussage unseres Vierjährigen: »Das da drückt das da runter!« Gemeint ist der Schließmechanismus des Auto-Kofferraums.«

Menschen aus dem autistischen Spektrum, die eine sensorische Defensivität aufweisen, sind gute Beobachter. Was aus der Not (aus Angst vor unangenehmen sensorischen Input) entsteht, entwickelt sich zu einer Stärke, die sich z. T. in hervorragenden Leistungen in den naturwissenschaftlichen Fächern widerspiegelt.

Den schulischen Leistungen entgegen wirken eine erhöhte Nervosität und Ablenkbarkeit, die ebenfalls durch die sensorische Überempfindlichkeit bedingt sind. Häufig liegt eine Hyperakusis vor, eine besondere Empfindlichkeit gegenüber Geräuschen und Lärm, die den Schulunterricht zur Herausforderung werden lässt.

Insbesondere Feiern im Kindergarten wurden zur Tortur. Wenn zu 20 Kindern noch jeweils zwei Elternteile und zusätzlich Geschwister kamen, entstand ein Lärmpegel, der für Torben kaum auszuhalten war. Als Höhepunkt eines Festes wurde z.B. mit allen gemeinsam eine »Rakete gestartet«: Jeder klatschte zunächst gleichzeitig mit seinen Händen auf die Oberschenkel, dann kam das Stampfen der Füße hinzu und zuletzt schrien alle so laut sie nur konnten. Torben schrie auch. Jedoch nicht aus Freude, sondern aus Verzweiflung, Angst und da seine Sinnessysteme komplett überlastet waren. Das Schreien paarte sich bald mit Weinen und seine Mutter verließ mit ihm das Geschehen. Es dauerte gut zehn Minuten, bis er sich wieder so weit beruhigt hatte, dass er mit seiner Mutter in den Raum zurückkehren konnte. Er blieb jedoch weitere 15 Minuten auf ihrem Schoß, auf dem sie ihn ruhig wiegte.

2.5 Aktivitätskurve

Die veränderte Intensität von Wahrnehmung nimmt Einfluss auf unser Erregungs- bzw. Aktivierungsniveau. Jeder Erregungszustand (Arousal) hat seine Daseinsberechtigung. Jedoch sind wir nicht in jedem Arousal gleichermaßen leistungsfähig (▶ Abb. 2.2).

Die Aktivitätskurve zeigt Situationen verschiedener Erregungs- bzw. Aktivierungsniveaus. Im Laufe eines jeden Tages durchlaufen Menschen ohne Autismus verschiedene Erregungsniveaus. Sie haben die Möglichkeit, aktiv darauf Einfluss zu nehmen und zwischen den Erregungsniveaus zu wechseln.

2.5 Aktivitätskurve

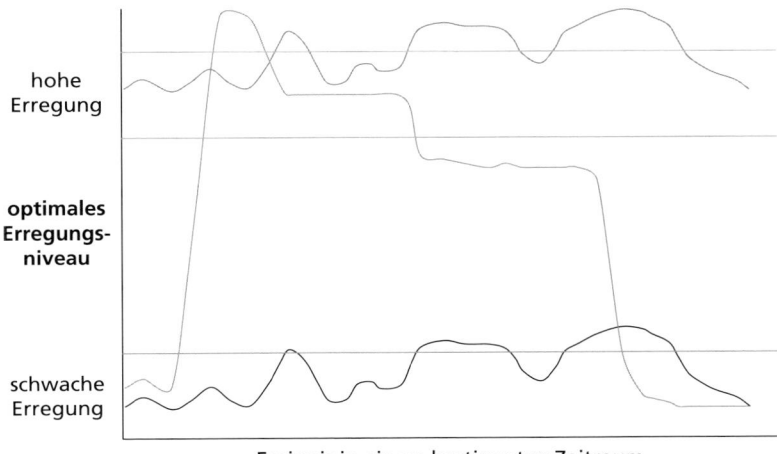

Ereignis in einem bestimmten Zeitraum

Abb. 2.2: Aktivitätskurve zur Darstellung des Erregungsniveaus

Beispiel:

Frau Müller öffnet morgens schläfrig (schwache Erregung) die Augen. Der Blick auf den Wecker verrät: Sie hat verschlafen! Sofort ist sie hellwach (hohe Erregung) und springt aus ihrem Bett. Rasch erledigt sie im Bad eine Katzenwäsche, wobei viel Wasser auf den Boden spritzt. Beim hastigen Anziehen bemerkt sie nicht, dass ihr T-Shirt auf links gedreht ist. Schnell eilt sie noch in die Küche, um einen Schluck Kaffee zu trinken, wobei sie die Hälfte verschüttet. Als sie endlich aus dem Haus stürzt und die Tür zuschlägt, bemerkt sie nicht einmal, dass ihr Wohnungsschlüssel noch drinnen liegt.

Glücklicherweise kommt sie wohlbehalten bei der Arbeit an, wo sie in drei Minuten einen wichtigen Gesprächstermin hat. Um sich darauf einzustimmen (und in ein optimales Erregungsniveau zu gelangen) trinkt sie ein paar Schlucke kaltes Wasser und atmet ein paar Mal tief durch. Danach gelingt es ihr – trotz aller Aufregung des Morgens – ein gutes Gespräch zu führen, bei dem sie konzentriert die Sache verfolgt und adäquat auf die Reaktionen ihres Gegenübers eingeht.

Als sie abends heimkehrt, ist sie froh, den Ersatzschlüssel bei den Nachbarn hinterlegt zu haben. Erschöpft sinkt sie auf ihr Sofa. Als ihr Mann sie später um Details zur Steuererklärung bittet, winkt sie ab. Sie sei zu müde (schwache Erregung) und vertröstet ihn auf morgen.

Das Beispiel von Frau Müller zeigt:

- Menschen können mehrmals täglich zwischen den Aktivierungsniveaus wechseln.
- Sie können aktiv auf ihren Erregungszustand Einfluss nehmen.
- Unsere beste Leistungsfähigkeit bringen wir im mittleren, sogenannten »optimalen Erregungsniveau«.

2.5.1 Wahrnehmung und Aktivierungsniveau bei Autismus

Bei autistischen Menschen ist das Aktivierungsniveau oft verändert. Reize, die defensive Reaktionen hervorrufen, führen zu einem erhöhten Erregungszustand. Betroffene werden unruhig und fahrig. Konzentriertes und fokussiertes Arbeiten ist kaum möglich. Stattdessen besteht eine hohe Ablenkbarkeit.

Eine verminderte Reizaufnahme im Sinne einer Sensorische Dormanz führt zu einem geringeren Erregungszustand. Die Betroffenen wirken z. T. lethargisch.

> Die Aufnahme von Reizen nimmt Einfluss auf den Erregungszustand.
> Der Erregungszustand beeinflusst Konzentration, Ausdauer und Leistungsfähigkeit.
> Die beste Leistungsfähigkeit besteht im »optimalen Erregungsniveau«.

Für Menschen aus dem autistischen Spektrum bedeutet das:

- Bei veränderter Wahrnehmung bestehen zusätzlich Veränderungen des Erregungszustands und Aktivierungsniveaus.

- Bei verändertem Erregungsniveau können Potenziale nicht ausgeschöpft werden.
- Therapie sollte immer das Erregungsniveau im Blick behalten und Ziel sollte sein, den Klienten zu befähigen, seinen Aktivierungszustand selbst beeinflussen zu können.

Thilo (4 Jahre, frühkindlicher Autismus, V. a. Hochbegabung), ein aufgeweckter und interessierter Junge, kam mit Freude zur Ergotherapie. Er war mit seinen Augen und Händen ständig überall zugleich und wollte alles genau erklärt bekommen. Es gelang ihm jedoch nicht, den Erklärungen bis zum Ende zuzuhören, da er nach wenigen Minuten (wenn überhaupt) immer schon etwas Neues entdeckte. Er schien geradezu unter Strom zu stehen, was sich in einer motorischen Unruhe und einem erhöhten Muskeltonus widerspiegelte; teilweise bewegte er sich mit steifem Körper und gespreizten Fingern wie ein »Pinguin«.

Trotz seiner überdurchschnittlichen Intelligenz war es ihm nicht möglich, sich auf kognitive Aufgaben einzulassen. Er war ständig auf Reizsuche und zeigte sich zugleich empfindlich und ängstlich bei taktilen und vestibulären Angeboten.

Die Therapie bestand zunächst in Maßnahmen zur Regulierung seiner Wahrnehmung sowie seines Aktivierungsniveaus.

Thilos Eltern äußerten sich eineinhalb Jahre vor der Einschulung besorgt darüber, ob er es bis dahin überhaupt schaffen würde, sich im Geringsten auf den Unterricht einzulassen (seine Konzentrationsspanne lag bei unter einer Minute).

Ich bot ihm vor allem tiefensensible Reize an, um sein Aktivierungsniveau zu senken. Schnell kristallisierte sich die Hängematte als Mittel der Wahl heraus. Steil aufgehängt lag er bäuchlings darin, Rücken und Beine waren mit Sandsäckchen beschwert. So gelang es ihm erstmalig, sich für ca. 20 Minuten auf eine konstruktive Aufgabe einzulassen. Fortan nutzten wir die Hängematte regelmäßig. Thilo erlebte sich nun als produktiv und kompetent. Er erfuhr, zu welchen Leistungen er imstande war und kam nach jeder Stunde stolz ins Wartezimmer zurück, um seinen Eltern zu berichten.

Ein dreiviertel Jahr vor Einschulung gelang es Thilo, sich für etwa 30 Minuten auf eine Aufgabe einzulassen. Wir starteten ein komplexes

Projekt in der Holzwerkstatt, bei dem er auch die Planung komplett übernahm. Endlich kamen seine kognitiven und räumlich-konstruktiven Stärken zum Tragen.

Ein halbes Jahr vor Einschulung gelang es Thilo, eine 30-minütige Aufgabe am Tisch zu bewältigen. Er benötigte nun nur noch geringen tiefensensiblen Input und konnte sein Aktivierungsniveau aktiv steuern.

Thilo gelang es im Laufe der Therapie immer besser, sich selbst in einen guten Erregungszustand zu bringen und sein Potenzial auszuschöpfen. Er erfuhr, zu welchen Leistungen er in diesem Zustand imstande war und gelangte zu neuem Selbstwert. Thilo erlebte, wie er selbstwirksam seine eigene Leistungsfähigkeit beeinflussen konnte. Das beflügelte ihn.

Seine Eltern sind nun im Hinblick auf den Schulstart zuversichtlich (▶ Kap. 7).

2.6 Wahrnehmung und Stress

Stressoren sind physische oder psychische Reize, die zur Ausschüttung von Stresshormonen führen. Entscheidend ist »die Wechselwirkung zwischen physikalischem Reiz und psychologischer Einschätzung« (Pritzel, Brand & Markowitsch, S. 324). Es lässt sich nicht vorhersagen, ob ein bestimmter Reiz ein Stressor ist. Man kann ihn als solchen lediglich aufgrund der erfolgten Reaktion bewerten (ebd.).

Menschen mit Defensivität bewerten Reize, die im Bereich ihrer sensorischen Überempfindlichkeiten liegen, als bedrohlich. Unabhängig davon, dass in Wirklichkeit keine Bedrohung für Leib und Leben vorliegt, reicht die Bewertung aus, um die Ausschüttung von Stresshormonen zu bewirken.

Unter Einfluss der Stresshormone sind sie bereit zu fliehen (flight) oder zu kämpfen (fight). Ihre kognitiven Potenziale lassen sich unter Einfluss von Stresshormonen nicht ausschöpfen.

2.6.1 Reizüberflutung anhand des Vulnerabilitäts-Stress-Modells

Menschen mit sensorischen Überempfindlichkeiten müssen insgesamt deutlich mehr Stress aushalten. Daher kommt es bei ihnen unverhältnismäßig häufig zu Situationen der Reizüberflutung: Der Stress ist nicht mehr auszuhalten, der kritische Wert wird überschritten, »das Fass läuft über« und das System bricht zusammen.

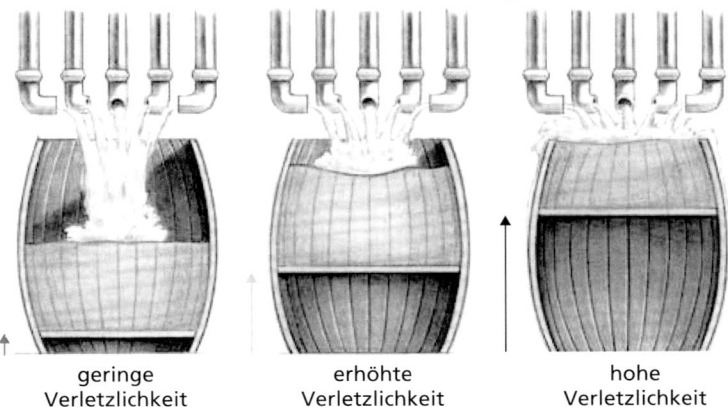

Abb. 2.3: Das Vulnerabilitäts-Stress-Fassmodell: Je höher die Verletzlichkeit ist – je höher also der Fassboden und je geringer das Fassungsvermögen –, desto schneller läuft das Fass (z. B. bei Stress) über; es kommt zur Reizüberflutung (modifiziert aus: Bäuml & Lambert 2014; Dr. Adrian van de Roemer, Institut für Didaktik in der Medizin, www.idm-didaktik.com)

Im Vulnerabilitäts-Stress-Modell (▶ Abb. 2.3) sind drei Fässer mit unterschiedlicher Bodenhöhe dargestellt. Das verbleibende Volumen steht für das individuelle Fassungsvermögen für Stress. Dabei ist A, mit dem größten Fassungsvermögen, am resistentesten gegen Stress. C, dessen Fass wenig aufnehmen kann, ist am verletzlichsten (am vulnerabelsten).

Wirkt nun gleich viel Stress auf alle drei Personen (Fässer) ein, so kann A den Stress noch gut aushalten, wenn bei C das Fass bereits überläuft und es zur Reizüberflutung kommt.

Die Höhe des Bodens ist veränderbar: Müdigkeit und Erschöpfung verringern das Fassungsvermögen für Stress. Frisch ausgeruht vergrößert sich das Volumen. Außerdem kann die Resilienz (seelische Widerstandskraft) durch überstandene Krisen wachsen, so dass dauerhaft mehr Stress toleriert wird.

Neben der Vulnerabilität ist die Summe des erlebten Stresses entscheidend. Viele kleine Stressoren (die Zuläufe) können letztlich genauso zur Reizüberflutung führen wie ein einzelner gewaltiger.

Als typische Stressoren gelten primär folgende:

- ständige Konflikte,
- Zeitnot bzw. Zeitdruck (z. B. Deadlines),
- finanzielle Sorgen,
- Wechsel in einen neuen Lebensabschnitt (z. B. Schule, Beruf, Rente),
- Kündigung des Jobs,
- Erkrankung/Tod eines Angehörigen/nahen Freundes,
- besondere Ereignisse wie Urlaub, Weihnachten, Heirat etc. und
- sensorische Reize (wobei hier in der Literatur insbesondere Lärm als stressauslösend beschrieben wird).

Bei Menschen aus dem autistischen Spektrum sind zusätzlich folgende Stressoren zu beachten:

- sensorische Wahrnehmung,
- Abweichungen von Routinen/unvorhersehbare Situation,
- neue Situationen, neue Umgebungen, neue Kontakte,
- Mangel an Informationen (zu einem Arbeitsauftrag, einem Ausflug, dem Ablauf einer Feierlichkeit o. ä.) und
- direkte Kommunikation.

2.7 Reizüberflutung bei Autismus

Der Volksmund spricht von »Reizüberflutung«, wenn man durch eine große Menge an Sinneseindrücken in Stress gerät; z. B. in einem Kaufhaus, auf dem Weihnachtsmarkt oder auf der Kirmes. Es gibt kein Entkommen vor den gleichzeitig einströmenden auditiven, visuellen und olfaktorischen Reizen. Erschöpfung macht sich breit. Der Kopf dröhnt und die Lärmempfindlichkeit steigt. Was hilft, ist der Rückzug in einen ruhigen, dunklen, kühlen Raum. Manchmal hilft nur noch Schlaf.

Für autistische Menschen bedeutet »Reizüberflutung« weit mehr als eine Ermüdung der Sinnessysteme. Da die Filtersysteme im Gehirn weniger Reize ausblenden, summieren sich all die einströmenden Reize derart, dass sie nicht mehr einzeln wahrgenommen werden können, sondern zu einem lauten Chaos verschmelzen (vgl. Miller, 2013, S. 175).

So wird jeder Stadtbummel zur Herausforderung. Geräusche, blinkende Reklamen, vorbeieilende Menschen, Gerüche von Kaffee, Essen und Zigarettengeruch strömen auf den Stadtbesucher ein. Autistische Menschen nehmen all diese Reize in gleich hoher Intensität wahr. Es gibt für ihre empfindlichen Sinnessysteme kein Entrinnen. Das Nervensystem ist überlastet. Der Stresslevel wächst ins Unermessliche und das »Fass« läuft über (▶ Abb. 2.3).

Diese Form der Überlastung wird auch Overload (▶ Abb. 2.4) genannt.

Die Reaktion auf eine Reizüberflutung ist die Flucht: Der Betroffene versucht, der Situation zu entkommen. Gelingt es ihm, einen ruhigen, bestenfalls auch kühlen und dunklen Ort zu finden, so besteht die Chance, dass er sich erholt und neue Kräfte mobilisiert.

Viele Betroffene berichten jedoch, dass es ihnen nicht ohne weiteres gelinge, eine solche Überlastungssituation rechtzeitig zu erkennen und ihr zu entkommen. Dann mündet der Overload im Meltdown oder Shutdown.

Der Meltdown spiegelt sich in hoch aggressivem Verhalten wider. Von außen betrachtet entspricht er einem Wutausbruch. Betroffene beschreiben ihn als Entladung massiver Anspannung. Man »explodiere« förmlich. Betroffene erleben einen völligen Kontrollverlust: sie schreien, werden ausfällig, zerstören Dinge und verletzen sich gegebenenfalls selbst.

Betroffene Erwachsene sprechen häufig von »übermäßigem Druck«, der sich während eines Meltdowns Luft mache. Sie erleben sich als Zuschauer ihres Handelns. Was sich gerade noch in ihrer Hand befand, landet im nächsten Moment an der Wand oder auf dem Boden. Sie seien weder in der Lage zu sprechen noch Herr über das, was sie tun. Durch selbstverletzende Handlungen »spüren sie sich besser«, was eine beruhigende Wirkung habe. Hinterher mache sich eine große Erschöpfung breit und ein schlechtes Gewissen darüber, was man »angerichtet« habe. Denn oft wird das eigene Tun erst im Nachhinein realisiert.

Eltern beschreiben, dass sie in Momenten des Meltdowns nicht auf ihre Kinder einwirken können. Sie seien mit Worten nicht mehr zu erreichen. Man könne sie lediglich durch Festhalten davor schützen, sich selbst oder andere zu verletzen.

> Harrietts Mutter berichtete, dass sie ihre Tochter manchmal so festhalten müsse, dass sich in den folgenden Tagen ihr Handabdruck blau auf den Armen des Mädchens abzeichne. Sie habe jedoch keine andere Wahl, da Harriett ansonsten ihren Kopf mit voller Wucht gegen die Fliesen schlage – bis Blut fließe.
>
> Weiter berichtete sie, dass ihre beiden autistischen Kinder nach einem Meltdown häufig bis zu vier Stunden am Stück schliefen (vgl. Shutdown). Hinterher könnten sie sich oft gar nicht recht an ihr »Ausrasten« erinnern.

2.7.1 Meltdown und Shutdown

Der Shutdown folgt entweder direkt auf den Overload oder auf den Meltdown und bedeutet den völligen Rückzug in sich selbst. Außenreize werden allenfalls gedämpft wahrgenommen. Der Betroffene ist nicht mehr ansprechbar und wirkt völlig erstarrt. Er zeigt keinerlei Reaktionen auf das, was um ihn herum geschieht. Häufig mündet der Shutdown in Schlaf. Die massive Erschöpfung fordert ihren Tribut. Betroffene berichten von zwei bis sechs Stunden Schlaf nach einer erlebten Reizüberflutung.

2.7 Reizüberflutung bei Autismus

Abb. 2.4: Entstehung von Meltdown und Shutdown

»Ich erlebe meinen ›Overload‹-Zustand, wenn zu viele Reize auf mich einprasseln. Die Grenze, was zu viel ist, ist nicht immer gleich. An manchen Tagen kann ich sehr viel ertragen, ohne Reaktionen zu bekommen. An anderen Tagen bin ich schon mittags nach zwei Vorlesungen übersättigt. Ich kriege dann Heulkrämpfe, werde zittrig, kann meine Bewegungen kaum mehr koordinieren und muss mich stark zusammenreißen, um überhaupt noch jemandem Gehör schenken zu können. Meistens laufen diese Zustände in einer Migräne aus. Dagegen hilft dann nichts mehr, als mich aufs Bett zu legen und zu warten, bis ich einschlafe und ein neuer, mit etwas Glück beschwerdefreier Tag beginnt.

Schmerz betäubt bei Reizüberflutung und kann deshalb fast als angenehm empfunden werden. Wenn ich nichts mehr geregelt bekomme und alles über mir zusammenzukippen droht, schlage ich manchmal mit dem Kopf gegen Schränke oder Türen. Irgendwann tut es so weh, dass sich die Überflutung kurzzeitig ausblendet. Von einer Freundin weiß ich, dass sie bei ähnlichen Gelegenheiten gegen die Wände boxt, manchmal so lange, bis ihre Hände grün und blau sind.

Ein Zuviel an Reizen ist eine quälende Belastung. Was ich besonders schlimm finde, ist, dass es eine Wahrnehmungseigenschaft ist, die andere Menschen so nicht kennen. Entsprechend wenig Verständnis bringen viele für einen ›Overload‹ auf. [...] Nur andere Betroffene mit dem Asperger-Syndrom können mich verstehen. Hier brauche ich nicht viele Worte zu machen, um auf Verständnis zu stoßen. Jeder, der mit ›Overload‹-Zuständen Erfahrung gemacht hat, weiß, wie furchtbar sie erlebt werden können« (aus: Schuster, N., 2007, S. 57).

Eine Reizüberflutung wird als sehr belastend erlebt. Der Kontrollverlust macht Angst und man fühlt sich schlecht und schuldig für das, was während des Meltdowns passiert ist. Betroffene sind während eines Shutdowns schutz- und wehrlos und den zufällig anwesenden Menschen »ausgeliefert«.

Viele Betroffene entwickeln hohe Frustrations- und Minderwertigkeitsgefühle. Es folgt Vermeidungsverhalten. Um ähnliche Situationen in Zukunft zu verhindern und erneut in der Öffentlichkeit unangenehm aufzufallen, wird auf Vieles verzichtet.

Die Motivation etwas dafür zu tun, um Reizüberflutungen in den Griff zu bekommen, ist entsprechend hoch.

2.7.2 Soforthilfe bei Reizüberflutung

Um aus einer Reizüberflutung wieder herauszukommen, nutzen Betroffene die Selbststimulation: Sie wippen monoton, summen vor sich hin, drehen einen Gegenstand wieder und wieder, spielen mit ihren Fingern oder schütteln ihre Hände. Wird ihnen dies verwehrt, so geraten sie schneller und fast unausweichlich in einen der nächsten Zustände.

Monotone Handlungen und Stereotypien sind weit mehr als nur Kennzeichen der Autismus- Diagnose. Es sind Handlungen, die Betroffenen helfen, Stress abzubauen und einer Reizüberflutung entgegenzuwirken. Sie sollten entsprechend wahrgenommen werden und Beachtung finden.

Mit erwachsenen Menschen aus dem autistischen Spektrum können Handlungsstrategien für Situationen der Reizüberflutung entwickelt werden, die durch Reizreduktion oder Hemmung der Reizintensität (▶ Kap. 4) zu Entlastung führen. Bewährt haben sich:

- *Aufsuchen einer Kirche* (Ruhe, gedämpftes Licht, Kühle): Auch auf Flughäfen und Bahnhöfen befinden sich kleine Kapellen verschiedener Glaubensrichtungen. Selbst die Kapelle des Frankfurter Flughafens ist so weit abgelegen, dass man dort absolute Ruhe findet.
- *Kaltes Wasser/Eis:* Zuhause helfen Kühlkompressen, unterwegs bekommt man gekühlte Getränke mit Eiswürfeln in Cafés: Kühlen durch Trinken kalten Wassers, durch Kühlen der Hände und Unterarme, durch Kühlen des Kopfes (Haare übergießen, Mütze oder Tuch anfeuchten und aufsetzen).
- *Sonnenbrille*
- *Ohrstöpsel/Gehörschutz*
- *Tiefdruck* (Druckweste, Gewichtsdecke)

2.7.3 Langfristige Hilfe gegen Reizüberflutung

Wer langfristig Reizüberflutungen vorbeugen möchte, sollte die Besonderheiten seiner Wahrnehmung gut kennen. Wer weiß, in welchen Sinnesbereichen eine Überempfindlichkeit vorliegt, kann gezielt die Reizaufnahme reduzieren bzw. durch entsprechende Technik hemmen (▶ Kap. 4). Bezogen auf das Vulnerabilitäts-Stress-Modell (▶ Abb. 2.3) bedeutet das, »möglichst viele Zuläufe zu schließen«.

Da es auf alle Zuläufe (Stressoren) ankommt, wird die Belastung je nach Tagesform oder auch Jahreszeit anders empfunden. Wenn z. B. Hitze den Stresspegel erhöht, ist die Belastbarkeit entsprechend in der kühleren Jahreszeit höher. Wer gerade eine neue Lebensphase beginnt (z. B. Einstieg ins Berufsleben), sollte versuchen, möglichst viele andere Stressoren zu minimieren. Sich selbst und seine körperlichen Reaktionen gut zu beobachten, lohnt sich. Wer weiß, welche äußeren Faktoren Stress verursachen,

2 Wahrnehmung und Autismus

kann sie bereits im Vorfeld verhindern oder zumindest verringern. Er kann sich Rückzugsmöglichkeiten einplanen, um den entstehenden Stress wieder abzubauen. Als effektivste Mittel zum Abbau von Stresshormonen werden Sport und Meditation empfohlen.

Menschen, die Probleme der Reizüberflutung kennen, sollten sich auf die Suche machen, wie sie aktiv ihren Stress-Hormonspiegels wieder senken können. Körperliche Ungeschicklichkeit, sollte nicht daran hindern, nach einer passenden Sportart zu suchen. Gerade Sportarten, die eine Verbesserung der Ausdauer fördern, eignen sich hier. Walking beispielsweise fordert keine komplizierten motorischen Abläufe, eignet sich jedoch hervorragend zum Stressabbau.

Meditation fällt vielen autistischen Menschen dann schwer, wenn es darum geht, sich nicht zu bewegen und dennoch auf den Körper zu konzentrieren. Bei mangelnder Körperwahrnehmung bereitet eine solche Übung bisweilen sogar noch mehr Stress. Achtsamkeitsübungen im Sinne der Achtsamkeitsbasierten Stressreduktion (vgl. Kabat-Zinn, 1991) fallen da leichter. Sie können bereits darin bestehen, durch die Natur zu laufen und ohne Bewertung wahrzunehmen, was man sieht, hört und riecht. Das sich Bewegen in der Natur wird häufig auch von autistischen Menschen als wohltuend und stressreduzierend empfunden und eignet sich daher häufig (für weitere Strategien ▶ Kap. 4).

3 Lebenspraktische Hilfe – die therapeutische Perspektive

Immer mehr erwachsene Autisten suchen sich Hilfe durch Ergotherapie. Ergotherapeuten sind in der Arbeit mit autistischen Klienten besonders gefordert. Denn obwohl die Klienten meist weder körperliche noch kognitive Einschränkungen haben, benötigen sie in vermeintlich »einfachen« Dingen Unterstützung. Weiterhin bringt jeder Klient ganz unterschiedliche Themen mit, was es dem Therapeuten erschwert, entsprechende »Schubladen« zu ziehen. Vielmehr muss er bei jedem Klienten wieder ganz neu eruieren, welche Themen bearbeitet werden müssen und welche Lösungen für den Klienten sinnvoll und realistisch sind.

3.1 Der besondere Klient/Die besondere Rolle des Therapeuten

Erwachsene Klienten aus dem autistischen Spektrum wirken häufig auf den ersten Blick unauffällig. Sie kommen scheinbar gut in ihrem Leben zurecht. Oft stehen sie in einem stabilen Arbeitsverhältnis und wohnen in einer eigenen Wohnung.

Die scheinbare Diskrepanz zwischen der Intelligenz des Klienten und seinem Problem führt beim Therapeuten immer wieder zu Irritationen.

> Herr Brand, ein 26-jähriger Klient, der gerade an seiner Bachelorarbeit schrieb, bat um Unterstützung beim Kleiderkauf. Nachdem wir eine

Liste der zu kaufenden Kleidungsstücke erstellt hatten, vermutete ich, dass ihn Schwierigkeiten mit Reizüberflutung oder fehlende Entscheidungsfreude bisher am Einkauf gehindert hatten. Nachdem ich entsprechende Fragen stellte, fand ich das Gegenteil heraus: Einkaufen bereite ihm keine Schwierigkeiten. Irritiert fragte ich weiter, um den Grund seines bisherigen Scheiterns herauszufinden und fand ihn: Herr Brand hatte eine genaue Tagesstruktur für seine Arbeit an der Bachelorarbeit festgelegt. Da diese Tagesstruktur für sieben Tage in der Woche galt, wusste er schlichtweg nicht, wann er nun einkaufen könne. Die Frage, ob er einen Tag von der Arbeit pausieren könne, bejahte er. Als ich ihn forsch aufforderte, seinen Kalender zu nehmen und sich auf einen Tag zum Einkauf festzulegen, war das die Lösung: Eine Woche später berichtete er zufrieden, dass er alles erstanden habe.

Bei autistischen Klienten gelingt es nicht, von einer Schwierigkeit im Alltag auf eine andere Schwierigkeit zu schließen. Es bedarf einer genauen Evaluation, in welchen Lebensbereichen welche expliziten Schwierigkeiten bestehen.

Ein offener Bericht über seine Alltagsprobleme durch den Klienten ist jedoch durch viele Faktoren erschwert:

- Der erste Kontakt mit dem Ergotherapeuten als fremder Person in unbekannter Umgebung bedeutet Stress.
- Der Klient hat bereits Abwertung seiner Probleme erfahren und ist skeptisch, ernst genommen zu werden.
- Kommunikative Schwierigkeiten, seien sie verbal oder nonverbal, in Kombination mit dem Stress, machen es schwer, das Anliegen zu formulieren.

Manche Klienten haben bereits eigene Theorien über ihre »sonderbaren Verhaltensweisen« und schreiben sich z. B. psychiatrische Erkrankungen zu, die in der Form häufig gar nicht bestehen.

Für einen guten Therapiestart ist die Grundhaltung des Therapeuten entscheidend: Er nimmt seinen Klienten mit seinem Anliegen ernst, wirke es noch so abwegig. Er gibt ihm Zeit und macht das Angebot, die Zielsetzung sowie das Anliegen im Therapieverlauf immer wieder anzupassen.

Er setzt alles daran, eine vertrauensvolle Beziehung zum Klienten aufzubauen, so dass dieser sich wagt, auch unangenehme oder schambehaftete Themen anzusprechen. Außerdem beachtet er die Schwierigkeiten in der Wahrnehmung, der Kommunikation und den intersozialen Kompetenzen.

3.1.1 Besonderheit der Kontaktaufnahme

Der erste Kontakt kommt häufig durch eine vermittelnde Person zustande. Vielen Klienten bereitet das Telefonieren Unbehagen und es fällt ihnen schwer, ihr Anliegen kurz und prägnant zu benennen und dabei auch noch die sozialen Regeln zu beachten. Daher übernehmen auch bei erwachsenen Klienten oft die Eltern den ersten Anruf.

Leichter fällt es den meisten Klienten, Kontakt per E-Mail aufzunehmen, da man hier nicht gezwungen ist, schnell auf Rückfragen zu reagieren.

3.1.2 Die ersten Termine

Die ersten Termine sollten zum gegenseitigen Kennenlernen genutzt werden. Allein der Kontakt zum bis dahin unbekannten Therapeuten sowie die unbekannten Räumlichkeiten können enormen Stress verursachen. Es ist also zu erwarten, dass wesentliche Ziele des Klienten zunächst nicht oder nur implizit zur Sprache kommen und die Evaluation immer wieder neu aufgenommen werden muss.

Folgende Strategien ermöglichen dem neuen Klienten einen guten Start in die Therapie:

- Sind die Kollegen informiert, dass ein »besonderer« Klient erwartet wird, so reagieren sie mit viel Verständnis auf »besonderes« Verhalten und deuten z. B. eine verringerte Mimik nicht als Unfreundlichkeit.
- Nach Möglichkeit bestellt man den Klienten zu einer »ruhigen« Zeit ein, wenn im Wartezimmer nicht allzu viel Trubel zu erwarten ist.
- Ist das Wartezimmer voll, wenn der Klient warten muss, so kann ihm eventuell ein gerade nicht genutzter Therapieraum zum Warten angeboten werden. Alternativ kann je nach Jahreszeit und Wetter auch ver-

einbart werden, dass der Klient draußen wartet und erst zu Therapiebeginn wieder hereinkommt bzw. an der Tür abgeholt wird.
- Das Angebot, Termine auch per E-Mail abzusagen, kann entlastend sein.
- Die ersten Stunden lassen sich per E-Mail-Kontakt vor- und nachbereiten.
- Bei Unsicherheit des Therapeuten bzw. Schwierigkeiten des Klienten im direkten Kontakt Rückmeldung zu geben, können Therapieinhalte auch per E-Mail vor- und nachbesprochen werden, um sie an die Bedürfnisse des Klienten anzupassen.

Gerade in der Kennenlernphase ist das »Double-Empathy-Problem« von Bedeutung (s. auch ▶ Kap. 6). Dieses Phänomen verdeutlicht, dass die Schwierigkeiten im Erkennen der Stimmungslage aufgrund von Mimik, Gestik etc. in der Kommunikation mit Autisten ein beidseitiges Problem ist. Nicht nur Autisten haben Schwierigkeiten, die Stimmungslage des Gegenübers zu erfassen, sondern auch dem nicht-autistischen Gegenüber fällt es aufgrund der reduzierten Mimik, Gestik und Intonation der Stimme schwer zu erkennen, was in seinem autistischen Klienten vor sich geht.
Daher ist gute Kommunikation, z. B. in Form behutsamen Nachfragens, essentiell.

3.1.3 Inhalte in therapeutischen Sitzungen

Die ersten Termine können neben der Anamnese dafür genutzt werden, dem Klienten aufzuzeigen, welche Therapieinhalte bearbeitet werden können.

Das Thema Wahrnehmung eignet sich für den Einstieg, da hier oft auch bei erwachsenen Klienten ein Informationsdefizit besteht. Das Erkennen der Zusammenhänge von Wahrnehmung und deren Auswirkungen auf Motorik, Kognition, Verhalten und Stress kann zu einem besseren Selbstverständnis führen. Wenn man erfährt, wie man selbst auf die Besonderheiten seiner Wahrnehmung einwirken kann und erkennt, dass dies bereits intuitiv geschieht, empfindet man sich u. U. kompetenter in Bezug auf die eigenen Bedürfnisse und weniger sonderlich.

Das eigene Verhalten wird dem Klienten verständlicher. Er kann eigene Theorien oder »Diagnosen«, die ihm andere zugeschrieben haben, ablegen und seine Besonderheiten besser einordnen. Weiterhin entsteht das Gefühl der Selbstwirksamkeit, wenn der Klient erkennt, dass er sich in bestimmten Situationen intuitiv bereits so verhält, wie es ihm mit seiner besonderen Wahrnehmung auch zu raten wäre. Er sorgt selbst für Entlastung.

Sobald der Klient Vertrauen aufgebaut hat und bereit ist, seine Anliegen im Einzelnen zu benennen und zu bearbeiten, kann mit der ausführlichen Anamnese begonnen werden.

Zwei Bereiche sind für den Ergotherapeuten von besonderer Bedeutung: Die Wahrnehmung und die Aktivitäten des täglichen Lebens.

Die Therapieplanung sollte flexibel sein. Während in manchen Phasen wöchentliche Treffen sinnvoll sind, kann es zu einem späteren Zeitpunkt hilfreich sein, die Abstände zu vergrößern.

Anamnese – Wahrnehmung

Der standardisierte Fragebogen Sensory Profile 2 (SP2) erfasst Wahrnehmungsbesonderheiten bei Kindern vom Säuglingsalter bis 14,11 Jahre. Der Fragebogen »Schule« richtet sich an Pädagogen (auch Erzieher) und liefert aufgrund der »Schulfaktoren« Argumente, um z. B. einen Schulbegleiter zu beantragen.

Um die Wahrnehmungsbesonderheiten erwachsener Menschen zu erfassen, musste man sich bisher anderer Mittel behelfen. So kam häufig der Wahrnehmungsfragebogen (WN-FBG) zum Einsatz. Der nicht-standardisierte Fragebogen verhilft zu einem groben Überblick über Wahrnehmungsbesonderheiten.

Inzwischen wurde der amerikanische ASH (Adult/Adolescent Sensory History)-Fragebogen durch eine Gruppe von SI-Therapeutinnen der SIGA[5] aus dem Englischen übersetzt. Auch wenn sich der Standardisierungsprozess für den deutschsprachigen Raum hinzieht, so kann der Fragebogen mittlerweile erworben und (nach amerikanischer Standardisierung) aus-

---

5 SIGA – Sensory Integration German Association (Zusammenschluss der deutschen SI-Therapeuten)

gewertet werden. Dass nun auch bei erwachsenen Klienten Wahrnehmungsbesonderheiten erfasst werden können, ist ein enormer Gewinn.[6] Neben dem Nutzen für die Diagnostik ergeben sich Vorteile für die Klienten: Zusätzlich zur gewonnenen Selbsterkenntnis ist es entlastend zu erkennen, dass man mit diesen Themen nicht alleine steht. Weiterhin wird in der Auswertung der Zusammenhang von Wahrnehmungsbesonderheiten mit emotionalen Veränderungen wie Niedergeschlagenheit, Ängstlichkeit oder Aggressivität erklärt, was oft zusätzlich entlastet.

Werden die Ergebnisse besprochen, so lohnt der Blick in die Vergangenheit: Was war früher undenkbar, was ich heute »gut aushalte«?

Durch Erziehung und Anpassung an das soziale Umfeld wird gelernt vieles auszuhalten, was eigentlich unangenehm ist. Auch »Aushalten-Können« verursacht jedoch Stress. Daher kann es auch bedeutsam sein, empfindliche Wahrnehmung zu benennen, die vielleicht heute gar nicht mehr zum Tragen kommt, da man sich längst daran gewöhnt hat (z. B. im Sommer ohne Socken zu laufen). Wurden solche Empfindlichkeiten identifiziert, kann neu abgewogen werden: »Macht es mir wirklich nichts mehr aus?« oder »Ich habe zwar gelernt, es auszuhalten – es würde mir jedoch besser gehen, wenn ich darauf verzichten könnte.«

Es lohnt sich also, genau hinzusehen und die einzelnen Wahrnehmungsbereiche sorgfältig unter die Lupe zu nehmen. Wer z. B. feststellt, dass er im taktilen Bereich empfindlich ist, sollte sich Zeit nehmen, um genau zu analysieren, was ihm Unbehagen bereitet. Sind es klebrige Materialien? Sind es kratzige Textilien? Oder sind bestimmte Materialien besonders in der heißen Jahreszeit unangenehm, während sie im Winter kaum Probleme verursachen? Wer genau weiß, welche Faktoren eine Rolle spielen, kann sich am besten schützen und damit Stress reduzieren, was im Umkehrschluss wieder die eigene Leistungsfähigkeit steigert.

---

6 Die Internetseite zum Erwerb des Fragebogens befindet sich im Literaturverzeichnis.

Anamnese – Aktivitäten des täglichen Lebens (AdtL's)

Um ein umfassendes Bild über die Aktivitäten des täglichen Lebens zu erlangen, eignen sich Fragebögen wie z. B. der Canadian Occupational Performance Measure (COPM). Hier werden die verschiedenen Bereiche des täglichen Lebens aufgeführt und einzelne Bereiche explizit genannt. Bei Erfragen der AdtL's ist es für den Klienten hilfreich, möglichst viele Beispiele zu den einzelnen Bereichen genannt zu bekommen. Gerade bei intimen und schambehafteten Themen, oder solchen, mit denen er bisher auf Unverständnis oder Ablehnung gestoßen ist, bedeutet es eine große Erleichterung, auf ein Merkmal zu deuten, das offenbar »geläufig« ist. Weiterhin können so auch Themen aufgespürt werden, die dem Betroffenen unbekannt sind. Wenn also »der Gebrauch eines Deodorants« als Beispiel aufgeführt ist, so kommt der Betroffene, der es nicht kennt, überhaupt auf die Idee danach zu fragen.

Ist eine Betätigung als problematisch identifiziert, so werden zunächst die Durchführung (Performanz) und im zweiten Schritt die Zufriedenheit mit der Durchführung auf einer Skala von 1–10 bewertet. So wird sichergestellt, dass an Themen gearbeitet wird, die der Klient tatsächlich verbessern möchte. (Wenn ich die Nutzung des öffentlichen Nahverkehrs mit drei bewerte, ich aber nicht darauf angewiesen bin, so liegt meine Zufriedenheit damit womöglich bei neun.)

Während der COPM den Fokus auf die Defizite legt, kann es manchmal sinnvoll sein, (zunächst) auf die Ressourcen und Kraftgeber zu blicken. Welche Stärken bringt der Klient mit? Welche Betätigungen, Orte oder Dinge (Musik, Essen …) geben ihm Kraft; bringen Erholung? Diesen Fokus setzt das Ressourceninterview nach Schiepek und Cremers (2003), ein Tool aus dem Coaching. Stärken und Kraftgeber werden zunächst gesammelt und dann auf einer Skala von eins bis zehn bewertet, wie sehr sie bereits zum Einsatz kommen (V = vorhanden). Im zweiten Schritt wird bewertet, in welchem Ausmaß die Ressource vorhanden sein könnte (P = Potenzial) und welcher Einsatz als realistisches Ziel in Frage käme (Z = Ziel). Zuletzt werden die einzelnen Kraftgeber hierarchisiert (R = Relevanz).

Der Blick auf Kraftgeber und Ressourcen richtet den Fokus der Klienten auf ihre eigenen Potentiale. Da sonst oft nur an den Defiziten gearbeitet wird, kann dies zu emotionaler Entlastung beitragen. Immer wieder erlebe ich Erstaunen meiner Klienten darüber, wie viele Ressourcen ihnen eigentlich zur Verfügung stehen.

3.2 Abgrenzung Zwänge – wahrnehmungsbedingtes Verhalten

Autistische Menschen sind häufig unflexibel und wirken durch ihren Drang nach Ritualen und Routinen (z. B. immer das gleiche Frühstück, die Tassenhenkel zeigen immer nach links etc.) zwanghaft. So liegt auch für viele Betroffene die Vermutung nahe, zusätzlich an einer Zwangsstörung zu leiden.

Eine Zwangsstörung (ICD10 F42ff.) bezeichnet den inneren Zwang oder Drang, bestimmte Dinge zu denken oder zu tun. Die Betroffenen erleben dies als quälend und können dem Drang willentlich meist nichts entgegensetzen. Sie fühlen sich durch den Zwang im Alltag beeinträchtigt. (DIMDI, 2019, F42.-)

Auch autistische Menschen erkennen zunächst nicht den Sinn ihrer immer wiederkehrenden Handlung. Anders als bei Menschen mit Zwangsstörung erleben sie die wiederkehrenden Handlungen jedoch als entlastend und entspannend. Die Möglichkeit ihren Routinen nachzugehen, eröffnet ihnen erst die Kapazitäten, ihren Alltag gut zu meistern. Müssen sie von ihren Routinen abweichen (z. B. im Hotel, im Urlaub) bedeutet dies Stress. Die Kapazitäten, den Tag erfolgreich zu bestehen, schwinden.

Rituale, Routinen und wiederkehrende Handlungen sollten daher als Strategien zur Stressreduktion bewertet werden.

3.3 Therapeutische Distanz

Menschen aus dem autistischen Spektrum verfügen zumeist über wenig Peergroup-Erfahrung. Themen, die andere von Jugend an mit ihren Altersgenossen besprechen, wie Hygiene, Partnerwahl oder den Umgang mit schwierigen sozialen Situationen, müssen sie oft ganz alleine bewältigen. Es gibt keinen Austausch mit Menschen in ähnlichen Lebenssituationen, Verhaltensweisen können nicht abgeschaut werden. Weiterhin fehlt ein Reflexionspartner, um eigenes Verhalten zu regulieren und anzupassen.

Der Therapeut kann hier viel bewirken, wenn er die therapeutische Distanz aufweicht und den Klienten an seinen Erfahrungen teilhaben lässt. Hierbei geht es nicht darum, Tipps und Verhaltensempfehlungen auszusprechen, sondern Optionen aufzuzeigen, evtl. auch mit möglichen Konsequenzen.

Durch den Austausch mit dem Therapeuten auch über persönliche Erfahrungen, gewinnt der Klient an Verhaltensalternativen. Er kann bestimmte Optionen mit dem Therapeuten durchsprechen und evtl. im Rollenspiel erproben.

Um den Klienten zu solchen Gesprächen zu ermutigen, kann der Therapeut Parallelen der Lebenswirklichkeit aufzeigen: »Auch ich war letztes Jahr auf Wohnungssuche.«, »Manchmal ist es schwierig, seine Meinung zu vertreten.«, »Ich habe auch zwei Kinder« etc.

3.4 Die Rollen des Therapeuten

Der Therapeut nimmt in der Arbeit mit dem erwachsenen autistischen Klienten verschiedene Rollen ein.

3.4.1 Experte für Wahrnehmung

Als Wahrnehmungsexperte klärt er seinen Klienten über die Auswirkungen veränderter Wahrnehmung und den Zusammenhang von Stress und Reizüberflutung auf.

Er hilft dem Klienten, Strategien zu entwickeln, wie er auf seine Wahrnehmungsbesonderheiten einwirken kann und trotz seiner Überempfindlichkeiten leistungsfähig wird und bleibt.

3.4.2 Unterstützer bei den Aktivitäten des täglichen Lebens (AdtL's)

Der Therapeut steht als Partner zur Durchführung der AdtL's zur Verfügung. Er

- begleitet zu Terminen,
- übernimmt Telefonate,
- unterstützt beim Einkaufen,
- gibt Hilfestellung bei Fragen der Haushaltsführung und Hygiene und
- stellt Kontakt zu weiteren Hilfsangeboten her
- usw.

3.4.3 Dolmetscher und Anschauungsobjekt

Lebenswirklichkeit und Erwartungen anderer Menschen sind für den Klienten oft schwer einzuschätzen. Der Therapeut erklärt intersoziale Regeln, wodurch der Klient z. B. Verständnis über Kommunikationsmenge, -ort und -uhrzeit in Abhängigkeit vom Gesprächspartner erlangt und eigene Verhaltensstrategien im privaten wie beruflichen Umfeld entwickeln kann.

Explizite Fragestellungen zu zwischenmenschlichen Begegnungen kann der Therapeut anhand seiner eigenen Lebenswirklichkeit und Wahrnehmung veranschaulichen.

3.4.4 Lebenscoach

Sollte ich bestimmte Bedürfnisse im beruflichen Rahmen kommunizieren? Welche Vor- oder Nachteile könnte das bringen? Wäre ein bestimmter Rahmen für ein Gespräch sinnvoll?

Der Therapeut hilft seinem Klienten dabei, Handlungsoptionen zu entwickeln (Ressourcenvergrößerung) und zeigt ihm auch mögliche Konsequenzen auf. Er unterstützt seinen Klienten dabei, SMARTe Ziele (**S**pezifisch, **M**essbar, **A**ttraktiv, **R**ealistisch und **T**erminiert) zu entwickeln.

Das therapeutische Ziel besteht darin, den Klienten in die Lage zu versetzen, selbst kompetente Entscheidungen für sich zu treffen. Auf dem Weg zum Ziel wird dabei immer wieder der Prozess hinterfragt: Sind wir noch auf dem richtigen Weg? Ist das noch Ihr Ziel oder muss es angepasst werden? Ist diese Möglichkeit für Sie so denkbar? Was benötigen Sie, um es zu schaffen (Unterstützung, Informationen, einen speziellen Rahmen)?

4 Strategien und Methoden bei Wahrnehmungsveränderungen

Wahrnehmungsveränderungen bei Autismus bleiben ein Leben lang bestehen. Ihre Intensität ist jedoch veränderbar. Kinder, die unter massiver Reiseübelkeit leiden, können als Erwachsene die vestibulären Reize oft besser verarbeiten.

Die SI-Therapie bietet zwei Strategien, die das Leben mit sensorischer Überempfindlichkeit erleichtern:

- *Sensorische Hemmung* verringert die Intensität der Wahrnehmung.
- *Sensorische Diät* reduziert die Aufnahme stressauslösender Sinnesreize.

4.1 Prinzip Hemmung

Hemmung wirkt unmittelbar auf die hirnorganischen Filtersysteme. Die Intensität von überempfindlicher Wahrnehmung wird verringert. Dadurch reduziert sich die Ausschüttung von Stresshormonen. Die Leistungsfähigkeit steigt. Die eigenen Potentiale können ausgeschöpft werden.

Hemmung geschieht über

- Kognition,
- Autonomie,
- Kälte,
- Tiefdruck (Propriozeption) und
- Rhythmus.

Zur Veranschaulichung des Prinzips Hemmung, führe ich mit neuen Klienten des autistischen Spektrums gerne folgenden Versuch durch:

1. Der Proband greift in ein verschlossenes Behältnis mit unbekanntem Inhalt und ertastet, was sich darin befindet. Beim Hineingreifen achtet er auf sein Stresslevel und bewertet dieses auf einer Skala von eins bis zehn.
2. Der Behälter wird geöffnet, der Proband sieht nun den Inhalt (Rapskörner) und wird aufgefordert drei Gegenstände, die vor seinen Augen in den Behälter gesteckt werden, herauszusuchen. Wieder soll er sein Stresslevel einordnen.
3. Der Proband erhält ein Kühlpack mit dem er seine Hände kühlt. Nachdem er seine Hände vollständig getrocknet hat, greift er wieder in den Raps und benennt erneut sein Stresslevel.

Ergebnis: Während beim ersten Durchgang der erlebte Stress meist mit einer acht oder neun beziffert wird, bewertet ihn dieselbe Person beim zweiten und dritten Durchgang nur noch mit drei bis vier.

4.1.1 Kognitive Hemmung

Wenn ich nicht weiß, was mich erwartet, so ist der Stress am höchsten (im Versuch: der Griff ins Unbekannte). Wenn ich jedoch weiß, womit ich zu rechnen habe, so kann ich mich besser darauf einstellen. (Versuch: 2. und 3. Durchführung). *Vorhersehbarkeit* schafft sowohl bei sensorischem Input Erleichterung als auch beim Wissen um den anstehenden Tagesverlauf.

Routinen und Rituale bringen Entspannung, plötzliche Veränderungen hingegen verursachen Stress.

Auch ein *veränderter Fokus* bringt Erleichterung (Versuch: 2. Durchgang). Therapeutisch wird die Fokusveränderung häufig in der Therapie mit Kindern genutzt: So lautet die Aufforderung in die Materialwanne zu greifen »Versuche mal alle Schätze (Murmeln, Steine) zu finden, die ich im Raps versteckt habe.« Der Fokus auf die Klötzchen und Murmeln hemmt die Wahrnehmung des umgebenden Materials.

Die Fokusveränderung kann im Alltag eingesetzt werden, um Aufregung und damit Verletzungsgefahr beim Nägel- und Haareschneiden oder auch der Blutabnahme zu vermeiden. Hierbei kann z. B. die Nutzung von Medien, Kälte oder Vibration für den entsprechenden Zeitraum angeboten werden.

4.1.2 Hemmung durch Autonomie

Sich *selbst* dazu zu entschließen, sich einem unangenehmen Reiz auszusetzen oder von seinen sicheren Routinen abzuweichen, bereitet weniger Stress als fremdbestimmte Planänderungen (ähnlich: Man kann sich selbst nicht kitzeln. Das Gehirn weiß schon vorher, wo man sich wie berühren wird).

Beim Heranwachsen geraten autistische Kinder zusehends seltener in Situationen der Reizüberflutung. Eine Begründung dafür liegt im Zugewinn an Autonomie. Ältere Kinder werden mehr und mehr in Entscheidungen miteinbezogen und erhalten damit Kontrolle über ihre Situation. »Da das Kind nicht weiß, welche Situation es erschrecken wird und welche gut für es ist, überwacht es alles so intensiv wie möglich« (Ayres, 1992, S. 151)

Autonomie bedeutet also Entlastung für das System. Wer selbst Entscheidungen treffen kann oder zumindest mit in die Entscheidungsfindung einbezogen wird, erlebt sich als selbstwirksam und dem Geschehen nicht ausgeliefert.

Kindern eine Wahl zu geben, kann Situationen deutlich entspannen. Wer findig ist, kann Kindern auch da ein Mitentscheidungsrecht einräumen, wo es auf den ersten Blick keins gibt:

- Es wird ein Babysitter benötigt – »Wer soll es sein?«
- Es soll aus einem Becher getrunken werden – »Möchtest du den roten oder blauen?«
- Wir müssen noch einkaufen – »Möchtest du im Auto bleiben oder mit hinein?«
- Morgen holt Oma dich ab – »Was soll sie kochen?«

Wird das Kind in den Entscheidungsprozess eingebunden und kann ihn aktiv mitgestalten, erlebt es Autonomie und Souveränität. Das Gefühl, Kontrolle über die eigene Situation zu haben, entspannt die akute Situation und stärkt zusätzlich für kommende.

Es hat sich bewährt, anstehende Abweichungen von den Routinen frühzeitig anzusprechen. Wenn beispielsweise ein Elternteil für einige Tage verreisen muss, so kann man dies mit ein bis zwei Wochen Vorlauf erstmalig erwähnen. Im Tempo des Kindes kann dann besprochen werden, wie sein eigener veränderter Tagesverlauf aussehen wird (Vorwissen hemmt): Wer holt das Kind von Kindergarten oder Schule ab, wer bereitet ihm Essen, wer bringt es ins Bett etc. Es gilt:

> Je mehr Faktoren im Vorfeld bekannt sind, desto weniger Stress bereitet die Abweichung von der Routine.
> Die Zeit arbeitet gegen den Stress: Je früher bekannt ist, dass etwas anders als gewohnt verläuft, umso leichter erfolgt eine Anpassung an die neue Situation.
> Je mehr Entscheidungen selbst getroffen werden können, desto einfacher die Anpassung.

Eine praktische Umsetzung der Hemmung durch Vorwissen und Autonomie findet sich in den Tages- und Wochenplänen wieder, die gerne für und mit autistischen Menschen entwickelt werden. Hier lässt sich auf einen Blick erkennen, was man zu erwarten hat. Das schafft Sicherheit und bringt Entspannung.

4.1.3 Hemmung durch Kälte

Kälte hemmt Schmerzen (vgl. Metzger, Zwingmann, Protz & Jäckel, 2000; Lange, Uhlmann & Müller-Ladner, 2008) und das Berührungsempfinden (taktile Wahrnehmung). Bei Kälte spüren wir nicht mehr so gut, z. B. gelingt es uns bei Winterskälte deutlich schlechter, den richtigen Schlüssel aus dem Bund hervorzuholen.

Kälte lässt sich bei sensorischer Überempfindlichkeit nutzen, um besser mit taktil »schwierigen« Materialien arbeiten zu können (Versuch: 3. Beispiel, ▶ Kap. 4.1):

- kaltes Abwaschen der Hände, bevor Fingerfarbe oder Rasierschaum benutzt wird
- Materialwannen und Ton sind per se kühl und werden daher besser toleriert.
- Zusätzlich können Kühlpacks in die Materialwannen gelegt werden.
- Fingerfarben können im Kühlschrank gelagert werden.
- Das Händewaschen während des Umgangs mit taktil anspruchsvollen Materialien wird den Kindern ausdrücklich gewährt (sofern das Wasser kalt ist); gegebenenfalls wird eine Schüssel mit kaltem Wasser auf dem Tisch platziert.

Kälte wirkt aber auch ausgleichend auf unseren Seelenzustand. Diese etwas jüngere Erkenntnis findet zunehmend Einsatz in psychiatrischen Kliniken (vgl. Papenfuß, 2015). Kälte kann auch ergotherapeutisch genutzt werden, um Erregungszustände zu regulieren. Geraten Kinder, die sich gestoßen haben, in einen erhöhten Erregungszustand, so werden ihnen Kühlpacks angeboten. Meist ist zu beobachten, dass das Kind dann nur kurz die betroffene Stelle kühlt und anschließend zusätzlich Hände, Arme und Gesicht. Immer wieder verblüffend ist, dass das zuvor noch höchst aufgeregte Kind sich innerhalb weniger Minuten vollständig beruhigt und wieder zugänglich wird.

> Benjamin, (8 Jahre, frühkindlicher Autismus mit Intelligenzminderung) betrat das Wartezimmer oft sehr aufgeregt. Schon vor Therapiebeginn kam es dort immer wieder zu verbalen Entgleisungen. Gelegentlich wurde auch mal ein Stuhl umgestoßen. Nach zwei missglückten Versuchen mit ihm in diesem Zustand eine Therapie zu beginnen, brachte ich ihm in der dritten Stunde ein Kühlpack mit ins Wartezimmer. Ich reichte es ihm kommentarlos und plauderte ein paar Minuten mit seiner Mutter, um ihm Zeit zu geben. Unterdessen konnte ich beobachten, wie er das Kühlpack in seinen Händen hielt und sein Gesicht damit kühlte. Innerhalb weniger Minuten sank sein Erre-

gungszustand, so dass er auf Ansprache reagierte und in der Lage war, seine Wünsche für die Therapiestunde zu äußern. Im Anschluss an eine kurze Absprache konnte eine Therapiestunde stattfinden, von der er profitierte.

»Außerdem habe ich auch bemerkt, dass ich an kalten Tagen sehr viel mehr Reize ertragen kann, dass Kälte also die Reizaufnahme hemmt. Ich finde das eine sehr wichtige Erkenntnis, denn manchmal kann ich auf diese Weise die Anforderungen gezielt steuern und anpassen« (Preißmann, 2017, S. 117).

Das Wissen um die Wirkung von Kälte, kann man sich in seiner Jahresplanung zunutze machen, indem man z. B. für die heißen Monate weniger Termine einplant als für die kalten.

Kälte lässt sich außerdem in akuten Situationen der Reizüberflutung einsetzen:

- kaltes Wasser über die Unterarme laufen lassen (die Blutgefäße liegen hier nahe der Oberfläche, wodurch sich der gesamte Organismus kühlen lässt)
- Unterwegs können in Kiosks oder Cafés mit Eiswürfeln gekühlte Getränke erworben werden. Das Lutschen oder Halten von Eiswürfeln bzw. das Kühlen der Unterarme mit den Eiswürfeln schafft Erleichterung.
- Wiederverwendbare Eiswürfel (▶ Abb. 4.1) können in Thermogefäßen mitgenommen und auch diskret in der Hosentasche genutzt werden.
- In der kühleren Jahreszeit lohnt sich der Gang an die frische Luft, um sich selbst oder seine Kinder zu beruhigen.
- Zuhause helfen Kühlpacks, auch in Form einer Schlafbrille. Sich das kühle Pack auf die Augen zu legen, schafft zusätzliche Erleichterung, da auch das visuelle System entlastet wird.
- »In die Kirche gehen«: Wer in der Stadt nach Ruhe, Kälte und gedämpftem Licht sucht, kann all diese hemmenden Faktoren in Kirchen finden.

4 Strategien und Methoden bei Wahrnehmungsveränderungen

Abb. 4.1: Anwendung von Kälte durch Eiswürfel

4.1.4 Hemmung durch Tiefdruck

Die Hemmung durch Tiefdruck hat in der Ergotherapie Tradition. Jean Ayres erkannte als Entwicklerin der Theorie der Sensorischen Integration bereits 1972 den positiven Effekt von Tiefdruck als Intervention bei taktiler Defensivität.

Temple Grandin (Asperger-Autistin, geb. 1947) beschreibt, dass sie bereits in den frühen 1960er-Jahren erkannt habe, dass ihr in Situationen maximaler Erregung Tiefdruck half, um den Stress zu reduzieren.

Gleichzeitig erhöhte eine körperliche Berührung ihren Stresspegel noch zusätzlich, weshalb sie keine Erleichterung in Umarmungen fand. Als sie auf der Rinderfarm ihrer Tante sah, wie Rinder in Fixiermaschinen plötzlich ganz ruhig wurden, entwickelte sie auch für sich eine ähnliche Idee.

Jean Ayres habe ihr dabei geholfen, ihre berühmte »Squeeze-machine« (oder auch »hug-machine«) zu entwickeln (Grandin & Scariano 1986). Noch heute stehe diese Maschine in der alten Ayres-Clinic in Kalifornien.

> »Früher habe ich mich in solchen Momenten oft in meinem Zimmer auf den Boden gelegt und meinen Couchtisch mit der Tischplatte nach unten auf mich gelegt. Der Druck beruhigte mich rasch. Was vielleicht skurril ausgesehen haben mag, war intuitiv genau das Richtige [...].« (Preißmann, 2017, S. 117)

Neben dem Einfluss auf den Erregungszustand können durch Tiefdruck andere Reize, z. B. Schmerz- oder Berührungsreize überlagert werden.

Berührungsempfindliche Kinder setzen im Umgang mit taktil anspruchsvollem Material häufig übermäßig Kraft ein (z. B. klatschen sie auf den Rasierschaum oder die Fingerfarbe). Dieses Vorgehen ist eine kompensatorische Maßnahme: durch den Tiefdruck beim Klatschen, wird der Berührungsreiz gehemmt und damit erträglicher.

Die ergotherapeutische Behandlung von Kindern mit erhöhtem Erregungszustand besteht häufig zunächst vor allem aus gezieltem Einsatz von Tiefdruck. Durch den tiefensensiblen Reiz reguliert sich der Erregungszustand nicht nur vorübergehend. Bei regelmäßigem Einsatz von Tiefdruck (auch Zuhause) kommt es zu einem langfristig adäquateren Erregungszustand, der die Handlungsfähigkeit verbessert.

Thilo (4 Jahre, frühkindlicher Autismus, V. a. Hochbegabung) wurde von seiner Mutter in der Ergotherapie vorgestellt. Er sei sehr quirlig, könne schlecht bei einer Sache bleiben, halte den Stift noch im Faustgriff, sei häufig zu laut und esse noch mit den Händen. Thilo fiel in den ersten Ergotherapie-Stunden vor allem dadurch auf, dass er ständig in Bewegung war. Es war ihm kaum möglich, sich auf ein Angebot einzulassen. Ständig entdeckte er etwas Neues und sprang minütlich zwischen verschiedenen Tätigkeiten.

Thilo erhielt zunächst viele Tiefdruck-Angebote. Als bestes Therapiemittel für ihn kristallisierte sich bald die Hängematte heraus (in einer steilen Zweipunkt-Aufhängung). Er lag bäuchlings darin (▶ Abb. 4.2) während auf seinem Rücken und Beinen schwere Sandsäckchen lagen. Dann erhielt er eine Aufgabe, z. B. etwas nach Vorlage zu bauen.

Bereits nach wenigen Stunden gelang es ihm, seine Konzentrationsspanne von ca. 2 auf ca. 20 Minuten zu erweitern. Erst jetzt wurden seine kognitiven Stärken sichtbar: Er konnte endlich seine Potenziale entfalten.

Abb. 4.2: Therapiesituation in der Hängematte

Tiefdruck hat Thilo geholfen, sich besser zu organisieren. Er erlebte in den Situationen guter Konzentrations- und Leistungsfähigkeit, wozu er fähig ist. Die eigenen Potenziale ausschöpfen zu können stärkt nachhaltig das Selbstvertrauen und schafft Motivation, sich erneut in einen Zustand zu versetzen, indem man leistungsfähig ist. Auch Kinder können den Zusammenhang ihrer Leistungsfähigkeit mit einem bestimmten sensorischen Input verstehen und diesen (unter Anleitung) selbst einsetzen.

Hilfsmittel für Tiefdruck

Druckwesten aus Neopren für Kinder und Erwachsene (▶ Abb. 4.3) können über oder unter der Kleidung angelegt werden. Über Klettverschluss lässt sich der Druck regulieren und zusätzlich lassen sich Gewichte (oder Kühlpacks) in kleine Taschen geben.

Bei einigen autistischen Kindern hat sich bewährt, die Druckwesten in Situationen anzulegen, in denen diese Kinder besonders aufgeregt sind und kaum zur Ruhe kommen. Sie können jedoch auch vorbeugend eingesetzt werden, wenn beispielsweise an einem Tag Abweichungen von den Routinen zu erwarten sind.

Neben Westen werden aus demselben Material auch Bodies, Langarmshirts und Hosen angeboten.

Gewichtsdecken werden zumeist mit der Empfehlung von maximal zehn Prozent des Körpergewichts angeboten. Die Erfahrung zeigt, dass die meisten autistischen Menschen ein weit höheres Gewicht bevorzugen.

Harriett (6 Jahre, atypischer Autismus, V. a. Hochbegabung) hatte große Ein- und Durchschlafprobleme. Es dauerte abends bis zu zwei Stunden, bis sie endlich in den Schlaf fand. Nacht für Nacht erwachte sie bis zu sechsmal. Auf die ergotherapeutische Empfehlung hin besorgte die Familie eine Gewichtsdecke für Harriett. Da die Mutter die Gewichtsempfehlung der meisten Hersteller als zu gering empfand, wählte sie einen Online-Shop, in dem Gewicht und Größe der Decke frei wählbar waren und kaufte für ihre 20 kg schwere Tochter eine 16 kg schwere Decke. Da die Decke ca. 135 cm x 200 cm groß war, lastete nicht das gesamte Gewicht auf dem Körper des Mädchens. Der Vorteil einer solch großen Decke ist, dass sie sich an die Konturen des Körpers schmiegt. Der propriozeptive Reiz (Tiefdruck) wirkt somit von allen Seiten. Harriett nutzte fortan diese Decke als Zudecke in der Nacht und verkürzte mit ihrer Hilfe die Einschlafdauer auf wenige Minuten. Auch das Durchschlafen war fortan die Regel.

Abb. 4.3: Druckweste aus Neopren mit Klettverschluss an Schultern und Rücken und mit kleinen Taschen für zusätzliche Gewichte

Gewichtsdecken eignen sich auch für Situationen der Reizüberflutung. Hierfür sind deutlich schwerere Decken zu empfehlen.

> Eine autistische Dame berichtet von ihrem etwa 50 kg schweren Kissen. Dieses benutze sie in Situationen der Reizüberflutung. Nach etwa 20–30 Minuten mit dem Kissen auf ihrem Körper, reduziere sich der Stress derart, dass sie wieder handlungsfähig sei.

Da sonst auf Reizüberflutung bis zu sechs Stunden Schlaf am Stück folgen, ist dieser Effekt enorm.

Gewichtsdecken müssen nicht zwingend den gesamten Körper bedecken, um zu wirken. Auch auf dem Schoß platzierte schwere Kissen sind zu empfehlen, um beim Essen oder bei Schreibtischarbeit für Tiefdruck und Entspannung zu sorgen.

Gewichtsdecken sind häufig teuer und nicht in der gewünschten Größe oder dem gewünschten Gewicht verfügbar. Wer eine Gewichtsdecke selbst herstellen möchte, findet im folgenden Kasten eine knappe Nähanleitung.

Gewichtsdecken selbst nähen

Benötigt wird:

- Ein Deckenbezug (je nach gewünschter Größe: im Kinder- oder Standardmaß oder ein Kopfkissen)
- Als Füllmaterial eignet sich: Quarzsand, Glasgranulat, Raps (oder Linsen, Bohnen...)

Glasgranulat hat den Vorteil, dass die Decke samt Inhalt gewaschen werden kann. Sand ist wunderbar schwer, rieselt jedoch durch die Löcher, die beim Nähen entstehen. Raps, Linsen und Bohnen schmiegen sich gut an. Alle Materialien sind von sich aus kühl, was zusätzlich förderlich ist.

Nähen:

Version 1 (kann nicht gewaschen werden):
Mit der Nähmaschine werden am Bezug zunächst Nähte in Längsrichtung angebracht. Anschließend befüllt man diese ca. 15 cm breiten Bahnen und setzt nach ca. 15 cm die nächste Naht quer dazu, sodass etwa quadratische Felder entstehen. Es wird befüllt und abgenäht, bis der gesamte Bezug befüllt ist. Wer möchte kann den befüllten Bettbezug in einen zweiten stecken. Dann kann zumindest der Über-Bezug gewaschen werden.

Version 2 (waschbar)
Es werden zunächst kleine Säckchen (ca. 20 x 20 cm) genäht, die mit dem Wunschmaterial befüllt werden. Anschließend werden in den Bettbezug vertikale und horizontale Bahnen von Klettverschluss eingenäht, die die Säckchen in Position halten.
Zum Waschen wird der Klettverschluss geöffnet und die Säckchen herausgenommen.

4.1.5 Hemmung durch Rhythmus

Rhythmus wirkt entspannend; das Wiegen eines Babys genauso wie die sanften Schaukelbewegungen einer Hängematte. Der Muskeltonus und die Anspannung sinken.

> »Andere Methoden, um mich gegen die Welt abzuschotten, wenn ich von übermäßigem Lärm bedrängt wurde, bestanden darin, dass ich rhythmisch hin und her wippte oder mich im Kreis drehte. Das Wippen gab mir ein Gefühl der Ruhe« (Grandin, 1997, S. 53).

Auch Musik mit einem ruhigen sanften Rhythmus kann für körperliche Entspannung sorgen und positiv auf den (Stress-)Hormonspiegel einwirken.
Ebenso sorgen »rhythmische« visuelle Muster für Entspannung.

> Frau Bauer (Mitte dreißig, Asperger) berichtete besorgt, dass sie ihr buntes Geschirr entsorgt habe. Nur weiße Teller und weiße Tassen habe sie behalten. Die Tassen sortiere sie akribisch in ihren Schrank, so dass sämtlich Henkel in exakt die gleiche Richtung zeigten.
> »Habe ich eine Zwangsstörung?«, fragte sie unsicher.
> Im Verlauf der Anamnese ließen sich Überempfindlichkeiten u. a. im visuellen System finden. Sie konnte z. B. auch kein grelles Licht ertragen und trug bei jedem Wetter eine Sonnenbrille, um ihre Augen zu schonen. Das Aussortieren des bunten Geschirrs und das »rhythmische« Ordnungssystem verschafften dem visuellen System weitere Entlastung, was wiederum Kapazitäten für anderes schuf.

Rhythmus findet sich auch bei Massagen wieder. Durch die Vorhersehbarkeit der Berührung, die durch das rhythmische Vorgehen bei Massagen entsteht, sind diese Berührungen selbst für taktil defensive Menschen auszuhalten. Hilfreich ist das zusätzliche verbale Begleiten des Therapeuten, wenn er den massierten Bereich wechselt, bspw. »Ich gehe jetzt an Ihre linke Schulter«.

4.1.6 Fazit (Hemmung)

Hemmung dämmt überempfindliche Wahrnehmung und den damit einhergehenden Stress ein. Je besser ein überempfindlicher Mensch Hemmung anwenden kann, desto selbstwirksamer kann er auf seinen Erregungszustand Einfluss nehmen. Angehörigen gelingt es durch Hemmung, ihre Kinder gezielt vor Reizüberflutung und damit einhergehenden emotionalen Zusammenbrüchen zu schützen.

Es lohnt sich, bereits Kindern den Zusammenhang zwischen Reizaufnahme und ihrem Wohlbefinden bzw. ihrer Leistungsfähigkeit zu erklären. Je nach kognitiven Fähigkeiten lassen sich beispielsweise Mindmaps erstellen unter der Überschrift »Welche Sinne habe ich? Welche Sinnesreize sind für mich angenem? Welche sind mir unangenehm?« (z. B. »Ich mag kein künstliches Licht. Ich höre gerne Hörspiele«). Im Therapiegeschehen kann das Erarbeitete dann direkt umgesetzt werden (z. B. »Du magst ja kein künstliches Licht. Reicht uns heute das Tageslicht? Oder sollen wir zumindest den dimmbaren Deckenfluter anschalten?«).

Auch bei vorliegender Intelligenzminderung kann in den konkreten Situationen der Zusammenhang aufgezeigt werden: »Nicht wahr, das Kalte tut dir gut!?«

Im Elterngespräch lassen sich die Beobachtungen an die Bezugspersonen weitergeben. So können diese dafür sorgen, dass z. B. ein Kühlpack oder eine Gewichtsdecke jederzeit verfügbar sind und in Situationen der Aufregung direkt angeboten werden.

4.2 Sensorische Diät

Sensorische Diät bedeutet Verzicht auf Reize, auf die das Sinnessystem überempfindlich reagiert. Hintergrund ist die Tatsache, dass Wahrnehmungsveränderungen bei Autismus durch Therapie nicht komplett verschwinden. Man kann lediglich Einfluss auf die Intensität der Wahrnehmungsveränderung nehmen. Damit bleibt ein defensiver Mensch ein Leben lang in bestimmten Wahrnehmungsbereichen empfindlich. Er ist täglich Reizen ausgesetzt, die sein Nervensystem stressen und ihn in einen ungünstigen Erregungszustand bringen.

Auf die entsprechenden Reize zu verzichten, ist genauso simpel wie effektiv. Zunächst erfolgt eine spezifische Entlastung z. B. für das taktile System, durch Tragen von Handschuhen bei der Essenszubereitung. Gleichzeitig wird die Gesamtmenge der Stressoren reduziert. Durch diese System-Entlastung entstehen mehr Kapazitäten für Alltagsstress, auf den man keinen Einfluss hat (z. B. der verspätete Bus, die zufällige Berührung in der Straßenbahn etc.).

Langfristig bewirkt sensorische Diät, dass sich Situationen der Reizüberflutung reduzieren, immer besser kalkulierbar werden und Strategien zu deren Vermeidung entwickelt werden können.

> »Ich bemerke Situationen der Reizüberflutung mittlerweile schon in einem früheren Stadium, sodass ich selbst noch etwas unternehmen kann. Ich habe festgestellt, dass eine rechtzeitig eingenommene Aspirin-Tablette in Kombination mit Tropfen gegen Übelkeit und Koffein in Form eines Espresso oder einer halben Flasche Cola light dann noch rechtzeitig helfen können (…)« (Preißmann 2017, S. 117).

Um Reize vermeiden zu können, muss zunächst identifiziert werden, welche Reize Stress auslösen. Hierfür eignen sich die in ▶ Kap 3.1.3 vorgestellten Fragebögen.

4.2.1 Sensorische Diät – visuell (Sehen)

Beleuchtung/Verdunklung

Grelles Licht, wie z. B. von Leuchtstoffröhren sollte vermieden werden. Warm-weißes Licht[7], nach Möglichkeit auch dimmbar, ist zu bevorzugen. Indirektes Licht schont die visuelle Überempfindung zusätzlich.

Auch das Tageslicht kann als zu hell oder grell empfunden werden. Daher sollte für Verdunklungsmöglichkeiten gesorgt werden: mit Plissees, Raffstore oder Rollläden lässt sich Verdunklung individuell angenehm gestalten: Während Plissees lediglich das grelle Licht brechen und der Raum dahinter dennoch hell bleibt, lässt sich durch Raffstore deutlich mehr Licht aus den Räumen halten und bei klassischen Rollläden erreicht man auch bei strahlendem Sonnenschein völlige Dunkelheit im Inneren.

Einrichtung

Das visuelle System wird durch Verzicht auf grelle Farben entlastet. Wer seine Möbel hell oder holzfarben wählt, kann je nach Geschmack und Tagesform Farben durch Kissen oder Decken hinzufügen oder wieder entfernen. Bei der Wahl der Wandfarbe ist zu beachten, dass »strahlend-weiß« oft als zu grell empfunden wird. Ein gedeckter Weißton ist hier vorzuziehen.

Geschlossene Schränke sind offenen Vitrinen oder Regalen vorzuziehen. Die glatten Flächen sorgen für weniger visuelle Ablenkung.

Der Arbeitsplatz wird möglichst reizarm gestaltet. Auf dem Schreibtisch befindet sich nur das, was augenblicklich für die Arbeit benötigt wird. Auf Dekoration wird weitgehend verzichtet und Unverzichtbares wird in den Schubladen des Schreibtischs untergebracht. In Mehrpersonenbüros kann Ablenkung durch die Bewegungen der Kollegen vermieden werden, indem der Schreibtisch gegen ein Fenster oder eine Wand gestellt wird.

---

7 Leuchtmittel werden unterschieden in »warmweiß« und »kaltweiß«. Kaltweiß ist hierbei als deutlich greller einzustufen.

In der Schule ist es hilfreich, auf ungebleichtes Papier zurückzugreifen oder alternativ eine Folie z. B. in einem angenehmen Orangeton zur Verfügung zu stellen, die beim Lesen auf das gebleichte Papier gelegt wird.

Unterwegs

Für Menschen mit visueller Defensivität kann das Tragen einer Sonnenbrille bei jedem Wetter entlastend sein. Empfehlenswert sind polarisierte Gläser, da sie die Kontraste erhalten und man selbst in dunkleren Räumen oder bei Durchfahren eines Tunnels noch gut sehen und erkennen kann.

4.2.2 Sensorische Diät – auditiv (Hören)

Die Hyperakusis (Empfindlichkeit auf Geräusche) wird von allen Überempfindlichkeiten als am belastendsten erlebt. Ihr ist besondere Aufmerksamkeit zu widmen.

Wohnen

Wer auf der Suche nach einer neuen Bleibe ist, sollte insbesondere die Lage beachten. Wer Zuhause wirklich Ruhe hat, hat wiederum mehr Kapazitäten für Lärm außerhalb. Innerhalb einer bestehenden Wohnung oder eines Hauses kann dem Betroffenen das ruhigste Zimmer überlassen werden. Hier gilt: Gut ist, was dem Betroffenen guttut. Auch auf ein Zimmer im Kellergeschoss kann die Wahl fallen (hier ist es zusätzlich dunkler und kühler):

> Harrietts Mutter berichtete, dass sich ihre Tochter im Keller einquartiert habe. Ihr Zimmer im zweiten Stock des modernen Einfamilienhauses betrete das Mädchen hingegen nur noch selten. Nach einem Hausbesuch beriet ich die Familie dahingehend, dass der Keller für Harrietts Wahrnehmungsbedürfnisse ein guter Ort sei: Durch das Oberlicht komme nur wenig Licht, es sei kühl und ruhig. Harrietts Eltern konnten

»das komische Gefühl«, ihr Kind im Keller schlafen zu lassen, ablegen und richteten ihrer Tochter den Raum gemütlich her.

Fiepsende elektronische Geräte sollten aussortiert und ersetzt werden. Bei Neukauf sollte auf die Lautstärke der Geräte geachtet werden[8]. Auf Standby sollte verzichtet werden, da viele Geräte dann immer noch einen dezenten Ton von sich geben, der Stress verursachen kann.

Schaltbare Steckdosen ermöglichen, Geräte per Lichtschalter bzw. Fernbedienung an- und auszuschalten.

Auch der Fußbodenbelag kann zum Lärmpegel beitragen: Teppich schluckt am meisten Geräusche. Das Laufen auf einem Holzboden ist leiser als auf Laminat oder Fliesen. Ist der Bodenbelag gegeben und unveränderbar, so kann über die Wahl der Schuhe auf den Lärmpegel Einfluss genommen werden. Filzpantoffel verursachen beispielsweise kaum Geräusche.

Um lautes Zuschlagen von Schränken, Schubladen oder auch Toilettendeckeln zu verhindern, werden mittlerweile standardmäßig Dämpfer eingebaut. Diese können i. d. R. auch nachgerüstet werden.

Wer aufgrund der Verkehrssituation oder einer Baustelle vor dem Haus ständigem Lärm ausgesetzt ist, kann versuchen, mithilfe einer ruhigen Hintergrundmusik den Fokus auf die angenehme Musik zu lenken.

Unterwegs

Für Menschen mit Hyperakusis, die täglich Lärm ausgesetzt sind, wie z. B. in der Straßenbahn oder der Innenstadt, kann Gehörschutz Erleichterung bringen (▶ Abb. 4.4).

Gehörschutz gibt es unterschiedlichen Ausführungen und Preisklassen:

- »Mickeymäuse« sehen aus wie Kopfhörer und dämpfen Außengeräusche. In manchen Schulen werden sie für Stillarbeiten zur Verfügung gestellt.

---

8 Mit dem Vergleich der Lautstärke elektronischer Geräte befassen sich inzwischen zahlreiche Vergleichsplattformen im Internet.

- »noise-cancelling«-Systeme sind als Kopfhörer oder »in-ear«-Variante erhältlich. Sie überlagern Geräusche durch »Anti-noise«-Wellen und filtern v. a. Störgeräusche heraus, während Sprache verständlich bleibt. Weiterhin können sie über Bluetooth mit dem Mobiltelefon verbunden werden.
- Gehörschutz vom Hörgeräteakustiker: Für den perfekten Sitz wird ein Abdruck der Ohrmuschel genommen. Durch austauschbare Filter lässt sich variieren, wie viel Lärm und welche Frequenzen herausgefiltert werden. Sprache bleibt gut verständlich, da die entsprechenden Frequenzen unberührt bleiben.

Abb. 4.4: Anwendung von Druckweste und Gehörschutz

4.2.3 Sensorische Diät – taktil (Tastsinn/Oberflächenwahrnehmung)

Kleidung

Für taktil empfindliche Menschen stellt Bekleidung eine Herausforderung dar. Kratzige Materialien wie Wolle oder bestimmte Polyesterfasern bereiten großes Unbehagen, wohingegen glatte und kühle Materialien wie z. B. Baumwolle, Viskose oder Seide besser toleriert werden. Während einige taktil defensive Menschen eher enge Kleidung bevorzugen, präferieren andere weite. Weite und dehnbare Kleidung bietet großen Bewegungskomfort. Sie kann jedoch auch irritieren, wenn sie bei Bewegung über die Haut streicht. Enge Kleidung bietet zusätzlich Tiefdruck, der den Berührungsreiz hemmt (► Kap. 4.1.4).

Rollkragen werden weithin abgelehnt und manchmal entwickeln sich Abneigungen z. B. gegen Knöpfe oder Reißverschlüsse an der Oberbekleidung. Die Waschzettel an der Kleidung zu entfernen, führt oft zu enormer Entlastung. Gerade die Zettel, die in der Oberbekleidung am Nacken aufliegen, werden häufig als sehr unangenehm und belastend empfunden. Dennoch reagieren Betroffene oft erstaunt auf die Empfehlung, sie zu entfernen. Hierzu sei gesagt: »Was mir guttut und keinem anderen schadet, ist erlaubt!«.

Hygiene

Sich zu Waschen kann durch Gebrauch von Hilfsmitteln, bspw. Waschlappen erleichtert werden. Die Berührungen beim Gewaschen-Werden sind oft kaum zu ertragen. Es empfiehlt sich, Kinder früh in die Selbstständigkeit zu führen und sie anzuleiten, wie sie sich selbst waschen, kämmen oder die Nägel schneiden können. Führen sie Hygienemaßnahmen selbst durch, erleben sie Hemmung und geraten weniger in Stress. Hilfsmittel wie z. B. ein Besser-Kämm-Spray, das die Haare entwirrt, sorgen für zusätzliche Erleichterung.

Lange Haare können zu Irritation im Nacken oder Gesicht führen. Viele betroffene Frauen wählen intuitiv die sensorisch richtige Frisur: Sie tragen die Haare entweder kurz oder binden sie in einem engen Zopf nach hinten.

Essenszubereitung

Bestimmte Lebensmittel werden aufgrund ihrer taktilen Beschaffenheit abgelehnt. Um Stückchen in Flüssigkeit – und damit die Vermischung verschiedener Konsistenzen – zu vermeiden, können Saucen am Ende der Garzeit püriert werden.

Um taktil anspruchsvolle Lebensmittel, wie z. B. eine saftige Orange zubereiten zu können, eignet sich der Gebrauch von »lebensmittelechten Handschuhen«. Zerkleinert in mundgerechte Stücke kann die Orange dann mit einer Gabel genossen werden. Auch Brote mit klebrigem Belag lassen sich mit Messer und Gabel verspeisen, um den Hautkontakt zu vermeiden.

Putzen

Handschuhe eigenen sich auch zum Putzen, um Berührung mit den Putzmitteln, -utensilien und den verschmutzten Stellen zu vermeiden. Wem Gummihandschuhe unangenehm sind, der findet auch mit Baumwollstoff gefütterte oder er wählt eine größere Größe und zieht Baumwollhandschuhe darunter. Einmalhandschuhe sind oft gepudert, was vielen Betroffenen Unbehagen bereitet.

Gartenarbeit

Wer im Garten arbeiten möchte, kann sich mit Handschuhen vor unmittelbarer Berührung mit Pflanzen, Erde und Werkzeug schützen.

4.2.4 Sensorische Diät – vestibulär (Gleichgewicht)

Der Gleichgewichtssinn liegt im Innenohr. In dreidimensionalen Bogengängen bewegt sich je nach Kopflage-Veränderung oder Beschleunigung eine Flüssigkeit, die Rückmeldung über die Lage des Kopfes im Raum gibt.

Körperpflege/Haushalt

Bei massiver vestibulärer Überempfindlichkeit können bereits kleine Kopf-Lage-Veränderungen ausreichen, um Schwindel und Übelkeit auszulösen. So berichteten die Eltern eines erwachsenen Klienten mit frühkindlichem Autismus, dass er Unbehagen äußere, wenn er beim Rasiert-Werden sein Kinn heben müsse. Um diese Kopfposition aushalten zu können, würde ein tiefensensibler Reiz eingesetzt: Die rasierende Person halte ihn am Oberarm fest, was den Schwindel reduziere. Alternativ könnte sich auch der Rasierte an der Schulter des Rasierenden festhalten. Durch den Zugewinn an Autonomie ist zu erwarten, dass er die Situation dann noch besser aushält. Schwindel kann auch bei ständigen Blickwechseln erfolgen, wenn z. B. das Geschirr aus der Spülmaschine direkt in den Oberschrank befördert wird. Eine Erleichterung kann bedeuten, das Geschirr zunächst auf der Arbeitsfläche abzustellen, um es in einem zweiten Schritt in die Schränke zu räumen. Weiterhin wird immer wieder von Schwindel beim Duschen berichtet. Ein Duschhocker kann hier Erleichterung schaffen.

Fortbewegung

Besondere Empfindlichkeit besteht bei passivem Bewegt-Werden. Insbesondere dann, wenn die Information aus dem Innenohr nicht mit den vom Auge aufgenommenen Informationen übereinstimmt, entsteht Übelkeit, die bis zum Erbrechen führen kann. Wer beim Autofahren durch die Frontscheibe sieht und den Streckenverlauf verfolgt, hat weniger mit Übelkeit zu rechnen als derjenige, der ein Buch liest oder auf die Nackenstütze des Vordermannes blickt. Schiffreisen – insbesondere bei Wellengang – sind nicht zu empfehlen. Für Zugfahrten ist ein Sitzplatz in Fahrtrichtung zu bevorzugen.

Da das Vestibularsystem im Schlaf nicht arbeitet, lässt sich Reiseübelkeit durch Schlaf gänzlich vermeiden. Weiterhin wird die Einnahme von hoch dosiertem Vitamin C als Schutz vor Reiseübelkeit bzw. Seekrankheit diskutiert. Eine kleine Studie von Lina Rixgens (Rixgens, 2023) zeigt hier erste erfolgversprechende Ergebnisse, die mit der histaminsenkenden Wirkung von Vitamin C zusammenhängen. Daher sei auch der Verzicht auf histaminreiche Nahrung vor Reiseantritt hilfreich.

Allgemein

Generell beruhigen gleichförmige rhythmische Bewegungen. In Stresssituationen mit dem Oberkörper zu wippen, kann entspannen. Das passive geschaukelt werden ist bei vestibulärer Defensivität in aller Regel nicht zu empfehlen. Gleichgewichtsreize mit starken tiefensensiblen Komponenten, wie z. B. das Trampolinspringen werden durch die hemmende Wirkung besser toleriert. Beim Reiten kommt der emotionale Aspekt hinzu, außerdem wird das taktile System angesprochen. Bei vestibulär empfindlichen Menschen gilt: behutsam ausprobieren, was geht und was guttut.

4.2.5 Sensorische Diät – propriozeptiv (Körperwahrnehmung)

Schwierigkeiten in der Körperwahrnehmung sind vergleichbar mit dem Fahren eines unbekannten Autos in ungewohnter Größe: man kann die Ausmaße nur schwer einschätzen.

Menschen mit schlechter Körperwahrnehmung bewegen sich ungeschickt:

Beim Umlaufen eines Tisches stoßen sie z. B. an der Tischecke an und beim Greifen nach einem Glas werfen sie dieses um.

Wohnen

Im Wohnraum sollten »freie Bahnen« geschaffen und Stolperfallen ausgeräumt werden. Laufwege sind möglichst freizuhalten von ausladenden Möbelstücken und Teppichen.

Nähe-Distanz

Wer keine gute Wahrnehmung für den eigenen Körper hat, kann oft nur schwer einschätzen, welcher räumliche Abstand zum anderen sich eignet, um ein Gespräch zu führen. Betroffene neigen dazu, ihrem Gesprächspartner zu nahe zu kommen, was dazu führt, dass sich dieser bedrängt fühlt. Den richtigen Abstand einzuhalten, kann also sozialen Konflikten vorbeugen. Der »richtige« Abstand von einer Armlänge zum Gesprächspartner lässt sich üben: Der Betroffene läuft auf einen Mitspieler zu und bleibt im vermeintlich richtigen Abstand vor ihm stehen. Dann wird überprüft, ob der Abstand einer Armlänge entspricht. Dies lässt sich so oft wiederholen, bis der Betroffene sicher den richtigen Abstand wählt.

Gesundheit

Mit verminderter Körperwahrnehmung geht häufig eine verminderte Schmerzwahrnehmung einher. Hierüber sollte der Hausarzt informiert sein, da er sonst etwaige Erkrankungen vielleicht nicht richtig einstufen kann.

> »Im vergangenen Jahr habe ich eine sehr schwierige Erkrankungsphase durchgemacht mit langem Fieber und Schüttelfrost und schließlich auch Rhythmusstörungen sowie Herzschmerzen. Antibiotika (die ich in der Annahme eines einfachen Infekts – schließlich war es Erkältungszeit – einnahm) halfen nicht, niemand hatte eine wirkliche Erklärung für meine Beschwerden. Schließlich ging ich einfach einmal zu meiner Zahnärztin, denn als Ärztin wusste ich, dass solche Beschwerden auch einmal von den Zähnen kommen können. Sie fand also tatsächlich einen vereiterten Zahn, der umgehend behandelt wurde. Danach ging es mir wieder gut. Aber diese Erfahrung zeigte mir wieder einmal, dass mein mangelndes Schmerzempfinden nicht nur Vorteile hat (ich habe fast nie Kopf-, Bauch- oder andere Schmerzen), sondern dass es dadurch tatsächlich auch zu sehr

schwierigen und möglicherweise sogar gefährlichen Zuständen kommen kann. Ich finde es also sehr wichtig, bei Beschwerden autistischer Menschen, die man nicht einschätzen kann, eine sichere Abklärung durchzuführen und den betroffenen Menschen regelmäßig im Sinne einer Vorsorge ärztlich und zahnärztlich vorzustellen. Möglicherweise muss man dabei vielleicht häufiger röntgen als bei anderen Menschen, aber das ist manchmal das kleinere Problem.« (Preißmann, 2017, S. 47)

Sport/Bewegung

Eine Verbesserung der Körperwahrnehmung ist durch Sport und Bewegung zu erreichen. Gleichzeitig kann durch körperliche Ertüchtigung Stress abgebaut werden. Daher ist Sport unbedingt zu empfehlen.

Aufgrund der mit der verminderten Körperwahrnehmung einhergehenden Ungeschicklichkeit, ist nicht jede Sportart geeignet. Sportarten mit wenig Verletzungsrisiko sind zu bevorzugen, z. B. Wandern, Walken, Radfahren oder Klettern (mit Anleitung und Sicherung). Die Bewegungen sind hier eher gleichbleibend und gemächlich. Hektische Mannschaftssportarten mit schnellen Bewegungswechseln sind weniger zu empfehlen.

4.2.6 Sensorische Diät – gustatorisch (Geschmack)

Bei einer Überempfindlichkeit des Geschmackssinns ist es ratsam, eher fad zu würzen und Salz und Pfeffer zum eventuellen Nachwürzen anzubieten. Häufig werden bereits dezent gewürzte Speisen als würzig empfunden. Weiterhin entwickeln sich Vorlieben für bestimmte Speisen, während andere abgelehnt werden. So lange die Ernährung trotzdem ausgewogen bleibt und keine Mangelsymptome zu befürchten sind, kann sich der Mensch auch von nur wenigen unterschiedlichen Speisen ernähren.

Essen zu erzwingen ist keine gute Strategie. Werden Speisen aufgrund der taktilen oder gustatorischen/olfaktorischen Wahrnehmung abgelehnt, kann der Zwang, sie zu essen zu starker Übelkeit bis hin zum Erbrechen führen.

Ein vorsichtiges Gewöhnen an neue Lebensmittel hingegen funktioniert manchmal sehr gut. So berichteten mir zwei Klienten, die gemeinsam in einer studentischen Wohngemeinschaft lebten, dass der eine dem anderen jeweils einen Löffel seiner gekochten Mahlzeiten abgebe, um ihm neue Lebensmittel näherzubringen. Inzwischen könne der Bekochte, dessen Speiseplan bisher sehr überschaubar war, bis zu einem halben Teller dieser neuen Speisen zu sich nehmen.

Nahrungsbeschaffenheit

Häufig ist das Problem nicht der Geschmack selbst. Insbesondere die Kombination unterschiedlicher Konsistenzen, wie z. B. in einem Auflauf, wird zur Herausforderung. Erleichterung bereitet es, die Nahrungsmittel bei der Zubereitung nicht zu durchmischen, sondern separat auf dem Teller anzuordnen.

Nahrung und Hemmung

Manchmal werden Nahrungsmittel bevorzugt, die den Beobachter überraschen. Auch wenn sonst milde Speisen bevorzugt werden, gibt es manchmal ein bestimmtes äußerst würziges Nahrungsmittel, das besonders geliebt wird. Dieses Nahrungsmittel, das entweder sehr salzig oder scharf sein kann, hat oft auch Auswirkungen auf den Erregungszustand – es hemmt. Betroffene können sich mithilfe dieses Nahrungsmittels in einen günstigeren Aktivierungszustand versetzen.

Eine Mutter berichtete gar augenzwinkernd von ihrem Vierjährigen, der regelmäßig ganz ruhig wurde, wenn er an einem Parmesankäse knabberte: »Ich glaube, mein Sohn benötigt gar keine Therapie. Er braucht nur Parmesankäse!«

Es lohnt sich also zu beobachten, ob es Lebensmittel gibt, die eine derart positive Wirkung aufweisen.

4.2.7 Sensorische Diät – olfaktorisch (Riechen)

Geruchsempfindliche Menschen finden heutzutage geruchsneutrale Waschmittel, Putzmittel, Cremes, Seifen, Shampoos etc.

Manchmal geht es jedoch darum, unangenehme Gerüche, wieder loszuwerden.

Kaffeepulver absorbiert schlechte Gerüche. Diese Eigenschaft lässt sich nutzen, indem man bspw. ein Schälchen mit Kaffeepulver offen in den müffelnden Kühlschrank stellt. Schnell wird der Geruch neutralisiert.

Vielen Menschen setzt der Geruch beim und nach dem Staubsaugen zu. Hier kann man sich behelfen, indem man nach dem Beutelwechsel zunächst Kaffeepulver oder Vanillezucker einsaugt: Ab sofort riecht es bei jedem Staubsaugen (bis zum Beutelwechsel) nach Kaffee bzw. Vanille.

Für geruchsempfindliche Menschen lohnt es sich auch, einen »Not-Duft« mitzuführen, wenn sie unterwegs sind. Dies kann ein Taschentuch mit einigen Tropfen Parfüm oder ätherischen Ölen sein (z. B. Zitrenduft). Es kann sich aber auch um ein Gewürzsäckchen handeln (z. B. mit Lavendelblüten). Dieser Not-Duft kann zum Einsatz kommen, wenn es in der Stadt, im Straßenverkehr, im Kaufhaus o. ä. unangenehm riecht. Dann kann das Taschentuch bzw. das Gewürzsäckchen aus der Tasche geholt und vor die Nase gehalten werden, um den störenden Geruch auszublenden.

Bewährt hat sich auch, bei Übernachtungen auswärts eine Duftkerze oder ähnliches mitnehmen, um unangenehme und ungewohnte Gerüche (die zu Übelkeit bis hin zum Erbrechen führen können) zu überlagern.

4.2.8 Sensorische Diät – viszeral (Wahrnehmung der inneren Organe)

Schwierigkeiten der Zuordnung körperlicher Sensationen

Menschen mit Defiziten in der viszeralen Wahrnehmung haben Schwierigkeiten die Ursache von Unwohlsein im Bauchraum richtig zuzuordnen: Ist es Hunger? Erschöpfung? Müdigkeit? Oder der Druck von Blase oder Darm?

Wer unsicher ist, kann strategisch vorgehen:

Zunächst erfolgt der Gang zur Toilette. Verändern sich die Beschwerden danach nicht, so isst man eine Kleinigkeit, um zu überprüfen, ob dies eine Verbesserung bewirkt. Als Strategie hat sich daher bewährt, immer einen kleinen Snack mit sich zu führen (Müsliriegel, Nüsse etc.).

Stellt sich noch immer keine Verbesserung des Befindens ein, so sollte ein ruhiger Ort zum Ausruhen gesucht werden.

Als Orte der Ruhe und Entspannung eignen sich unterwegs z. B. Parkbänke, Waldspaziergänge oder Kirchen.

Kleidung

Unspezifische Bauchschmerzen, für die es keine organische Erklärung gibt, können durch am Bauch enganliegende Kleidung verursacht werden. Empfindliche Menschen reagieren auf einen engen Hosenbund, indem sie die Bauchatmung verringern und stattdessen vermehrt in die Brust atmen. Die Bauchatmung ist jedoch als Massage der Verdauungsorgane wichtig und ihre Vermeidung kann zu Verdauungsbeschwerden führen.

Wer diesen Hergang als Ursache für seine Beschwerden identifiziert hat, kann sich durch einen tiefen Hosenbund oder elastisches Material behelfen. Selbst Strumpfhosen oder Leggings sind mit tiefem Bund erhältlich, der nicht auf der Bauchmitte sitzt und damit nicht zu den beschriebenen Beschwerden führt.

4.3 Wie lässt sich im Alltag Reizüberflutung vermeiden?

In diesem Kapitel sind Maßnahmen zur Vorbeugung einer Reizüberflutung nach den verschiedenen Lebensbereichen unterteilt.

4.3.1 Zuhause

Besteht eine Überempfindlichkeit der Sinnessysteme, so entsteht Stress (Bundy, Lane & Murray, 2007, S. 130). Um einer Reizüberflutung vorzubeugen, eignen sich Sensorische Diät (▶ Kap. 4.2) bzw. Hemmung (▶ Kap. 4.1).

Auch ungewöhnliche Wege sind denkbar: Harriett (▶ Kap. 4.2.2) hatte das Glück, dass ihre Mutter erkannte, welche Vorteile der Kellerraum für die empfindlichen Sinne bot. Die Ruhe, Kühle, sowie das dämmerige Licht kamen Harrietts Defensivität entgegen. Hier kam sie zur Ruhe und konnte entspannen. Wenngleich der Umzug ihrer Tochter in den Keller die Eltern in Rechtfertigungszwang gegenüber Bekannten und Verwandten brachte, trafen sie die Entscheidung im Sinne ihrer Tochter und richteten ihr den Kellerraum gemütlich her.

Tagesablauf/Entscheidungsspielräume

Veränderungen des gewohnten Tagesablaufs sollten Kindern frühzeitig kommuniziert werden. Nach Möglichkeit sollten ihnen die Beteiligung an der Planung und kleine Entscheidungsmöglichkeiten eingeräumt werden.

Geht es z. B. nach dem Kindergarten zum Einkaufen statt nach Hause, so können Entscheidungsangebote für das Kind sein:

- Möchtest Du im Auto bleiben und Hörbuch hören?
- Kommst Du mit in das Geschäft?
- Du darfst Dir ein Obst, einen Saft aussuchen.
- Du darfst entscheiden, ob wir erst in Geschäft A oder B gehen.

Auditiv

- Bei der Wahl des Fußbodenbelags auf dessen Geräuscheigenschaften achten (z. B. ist Laminat beim Darüberlaufen lauter als Holz; Teppich schluckt noch mehr Geräusche, kann aber taktil oder olfaktorisch problematisch sein)
- Lässt sich der Fußbodenbelag nicht verändern, so kann mit der Wahl der Hausschuhe Lärm entgegengewirkt werden (z. B. Filzpantoffeln statt Hausschuhe mit fester Sohle).
- Das Schlafzimmer sollte möglichst der ruhigste Raum sein und z. B. von der Straßenseite abgewandt liegen.

4.3 Wie lässt sich im Alltag Reizüberflutung vermeiden?

- Die Standby-Funktion von Geräten vermeiden, um auch leise Geräuschquellen zu eliminieren (Stecker ziehen, schaltbare Steckdosen).
- Brummende oder pfeifende Geräte (z. B. alte Kühlschränke o. ä.) ersetzen.
- Dämpfer verringern Geräusche beim Schließen von Türen und Schubladen. Anschlagdämpfer bewahren Toilettendeckel, Türen oder Fenster vor hartem und lautem Anschlagen.
- Filzgleiter dämpfen Geräusche beim Schieben von Stühlen und Tischen und schonen außerdem die Fußböden.
- Auf Gummimatten in Schubladen und Regalen kann Geschirr leise abgestellt werden.
- Türklingel und Telefonsignal können auf eine angenehme Lautstärke eingestellt werden.
- In Mehrparteienhäusern kann gegebenenfalls die Innenwand lärmgedämmt werden.

Visuell

Es kann für das visuelle System Entlastung bringen, Geschirr in nur einer Farbe in den Schränken zu haben. Auch die Ordnung, Tassenhenkel immer in dieselbe Richtung zu drehen kann Erleichterung bringen. Weiterhin eignen sich folgende Maßnahmen:

- Ordnung halten (herumliegende Gegenstände triggern das visuelle System). Nippes aussortieren, Flächen freihalten.
- Möbel in gedeckter Farbe wählen (z. B. grauweiß oder cremeweiß; reinweiß kann zu grell erscheinen und ist daher oft unangenehm für die Augen).
- Verschließbaren Möbeln gegenüber offenen Regalen oder Vitrinen den Vorzug geben.
- Vorhänge, Handtücher, Kissen- und Bettbezüge möglichst schlicht, am besten einfarbig und in einer gedeckten Farbe wählen.
- Möglichkeiten der Verdunklung schaffen: In Räumen mit direkter Sonneneinstrahlung eignen sich beispielsweise Plissees, die das Licht brechen und ihm damit das »Grelle« nehmen.

Olfaktorisch

- Bei der Wahl der Putz- und Waschmittel, (Hand-)Seifen, Cremes etc. auf den Geruch der Produkte achten. Eventuell eine geruchsneutrale Variante wählen.
- Haushaltstricks helfen gegen unangenehme Gerüche:
  – Nach dem Staubsaugerbeutel-Wechsel zunächst ein Päckchen Vanillezucker oder wahlweise etwas Kaffeepulver einsaugen, dann riecht es fortan beim Saugen jeweils nach Vanille oder Kaffee.
  – Schlechter Kühlschrank-Geruch lässt sich neutralisieren durch eine Schale mit Backpulver/Natron, Kaffeepulver oder Zitronensaft.
- 3–4-mal am Tag die Wohnung kräftig durchlüften (je nach Jahreszeit 5–30 Minuten).

Taktil

- Putzhandschuhe verwenden (gegebenenfalls eine Nummer größer wählen und Baumwollhandschuhe darunter tragen).
- Zur Essenzubereitung gegebenenfalls Handschuhe verwenden (auf Lebensmittelechtheit achten).
- Bei Textilien (Vorhänge, Handtücher, Kissen- und Bettbezüge etc.) auf die Haptik achten (Baumwolle ist meist angenehmer auf der Haut als Polyester).

4.3.2 Schule

Anpassungen in der Schule können die Lernqualität und die Mitarbeit deutlich unterstützen und verbessern. Durch Eliminieren oder Reduzieren der Stressoren, können die Ressourcen und Potenziale des Schülers besser ausgeschöpft werden.

Sitzplatz

- Der beste Sitzplatz ist oft gegenüber dem Eingang mit dem Rücken zur Wand. Hier kommen nur wenige Mitschüler vorbei. Der Schüler kann

alles überblicken und ihm »droht« keine plötzliche Berührung von hinten. Die Nähe zu Lehrer und Tafel schützt vor visueller und auditiver Ablenkung durch die Mitschüler.
- Immer mehr Schulen stellen ihren Schülern für Stillarbeiten Gehörschutz zur Verfügung. In Absprache mit den Lehrern ist es im Sinne der Teilhabe auch möglich, diesen von Zuhause mitzubringen.
- Für Pausen können Sonderregeln vereinbart werden: Während der allgemeinen Pause im Klassenraum zu verbleiben oder in die Bibliothek zu gehen sind häufige Maßnahmen. Bei erhöhtem Erregungszustand (aufgrund der vielen Reize in der Klasse) hilft es nach Bedarf für ein paar Minuten den Unterricht zu verlassen, um sich z. B. durch einen Spaziergang auf dem Schulhof wieder zu entspannen.
- Aufgabenstellungen sollten möglichst präzise sein, so dass es nicht zu Überforderung oder Missverständnissen kommt. Soll beispielsweise ein freier Text verfasst werden, so helfen konkrete Informationen über den Inhalt des Textes.
- Bei verlangsamtem Schreiben kann ein größeres Zeitfenster für Klausuren zur Verfügung gestellt oder alternativ das Verfassen des Textes am PC angeboten werden.
- Lehrer sollten darauf achten, autistische Schüler nicht unvermittelt zu berühren (z. B. an den Arm fassen, um Aufmerksamkeit zu erhalten). Annäherungen sollten sie ankündigen und begründen, z. B. »Ich komme mal eben rüber, um das Fenster zu schließen« oder »Dann sehen wir es uns gemeinsam an.«
- Den Umgang mit dem Sportunterricht gilt es individuell zu klären: Ist beim einen die Befreiung sinnvoll, muss beim anderen nur eine Anpassung der Anforderungen erfolgen. Es ist sinnvoll und hilfreich mit Schüler und Eltern gemeinsam nach der individuell besten Lösung zu suchen. Weiterhin sollte dabei das Thema Stigmatisierung und Mobbing Beachtung finden. Mannschaften können z. B. durch einfaches Abzählen erstellt werden. So entgeht der unsportliche Schüler dem Versagensgefühl, wenn er immer als letzter gewählt wird.

4.3.3 Mobilität

- Öffentlicher Personennahverkehr:
  - Manchmal ist es hilfreich, Pläne zu erklären.
  - Die Fahrtstrecke zur Arbeit/Schule gemeinsam auszuprobieren, kann Sicherheit geben.
  - Schutz vor Reizüberflutung, insbesondere zu den Zeiten des Hauptberufsverkehrs durch: Gehörschutz, Sonnenbrille, Mitführen eines langärmligen Hemds/einer Bluse auch im Sommer, um sich in Bus und Bahn vor Berührungen Haut-auf-Haut zu schützen)
  - Entwicklung von Szenarien: Was tun bei Verspätung? Was tun bei Ausfall der Fahrzeuge? z. B.: Arbeitgeber informieren, nächsten Bus nehmen, Strecke laufen, Taxi rufen, kurzfristig Homeoffice für den Tag vereinbaren.
- Autofahrt:
  - Wer selbst das Auto steuert, verträgt das Autofahren am besten.
  - Schlaf schützt vor Reiseübelkeit.
  - Augen als Kontrollorgan nutzen (mit dem Blick dem Straßenverlauf folgen)
  - Nicht lesen während des Fahrens (als Beifahrer das Navigationsgerät vor Abfahrt programmieren)

4.3.4 Freizeit

- Interessen identifizieren
- Motivation beleuchten: Möchte ich das wirklich? Glaube ich, es wird von mir erwartet? »Das macht man so!«? Denke ich, es wäre gesundheitlich sinnvoll?

Gemeinsam oder alleine?

Soll die Freizeitaktivität alleine durchgeführt werden oder in einer Gruppe? Möchte ich wöchentlich mit anderen Menschen meinem Hobby nachgehen (z. B. Verein)? Möchte ich zunächst nur einen kurzen Zeitraum einer Gruppe angehören (Kurs an der VHS o. ä.)?

Wenn ich mich mit Freunden oder Bekannten treffe, wie lange möchte ich im Kontakt sein? Wie schaffe ich es, mich wieder aus dem Kontakt zu lösen? Gelingt es mir direkt auch ein Ende für das Treffen zu vereinbaren? Benötige ich einen Notfallplan (und erfinde einen Termin, zu dem ich noch muss, oder lasse mich von meiner Familie anrufen, um das Treffen wieder beenden zu können)?

Unterstützung

Welche Hilfe ist nötig, um wirklich zu den Terminen zu gehen? Benötige ich zunächst Begleitung? Muss ich die Wegstrecke einmal ausprobieren? Benötige ich eine entspannende Beschäftigung für die Wartezeit (da ich immer viel zu früh bin)?

4.3.5 Bekanntschaften, Freundschaften, Beziehungen

Der persönliche Kontakt wird oft als sehr anstrengend erlebt.

> Frau Bauer (34 Jahre, Asperger) berichtete, dass sie sich gerne mit ihren Freundinnen treffe. Jedoch komme sie dabei jedes Mal wieder in eine Situation der Überlastung: Nach spätestens anderthalb Stunden Kontakt fühle sie sich müde und ausgelaugt. Mittlerweile vermeide sie die Treffen, da sie sich vor der Erschöpfung schützen müsse.

Nicht nur den Beginn, sondern auch die Dauer eines Treffens vereinbaren. Was zunächst seltsam klingt, kann eine große Entlastung für Betroffene bedeuten. Sie sind sicher vor Überlastung und müssen nicht »irgendwie erspüren«, wann es Zeit ist, auseinander zu gehen. Nach den Treffen lassen sich bei Bedarf entsprechende Ruhezeiten zur Erholung einplanen.

Strategien, um das Ende eines Treffens festzulegen:

- Durch einen offenen Umgang mit der Diagnose ist leicht für Verständnis zu werben, dass ein langes Treffen anstrengt – unabhängig von Sympathien.
- Auch Notlügen sind erlaubt: Um sich selbst zu schützen, kann auch ein fiktiver Termin vorgeschoben werden, aufgrund dessen man zu einem bestimmten Zeitpunkt weiter muss. Auch kann man Angehörige darum bitten, zu einem bestimmten Zeitpunkt anzurufen, damit man einen Vorwand hat, das Treffen zu beenden.

Bei diesen Not-Auswegen geht es nicht darum, den anderen zu täuschen, sondern sich selbst vor Reizüberflutung zu schützen. Leichter ist es, wenn man offen mit der Diagnose umgeht. Dann kann man einfach sagen, wie es ist: »Ich treffe dich gerne, halte aber nicht mehr als ein oder zwei Stunden dieses intensiven Kontaktes aus«.

Auch für Menschen ohne Autismus kann es angenehm sein, den Endpunkt eines Treffens im Vorfeld zu kennen. So berichtete mir eine Klientin von ihrer nicht-autistischen Nachbarin, dass diese bei Aussprechen einer Einladung direkt bekannt gebe, wie lange der Besuch erwünscht sei und wann die Gäste »wieder gehen dürfen«. Zu wissen womit man zu rechnen hat, kann also für alle Beteiligten hilfreich sein.

Tipps für Nichtautisten im Kontakt mit Menschen aus dem autistischen Spektrum:

Wer einem Menschen aus dem autistischen Spektrum begegnet, sollte damit rechnen, dass er oder sie überempfindliche Sinnesorgane hat. Viele Sinnesreize führen zu Irritation und Stress und können Ängste auslösen. Im schlimmsten Fall kommt es zur Reizüberflutung, in der der Betroffene nicht mehr Herr darüber ist, was er tut.

Für Entspannung sorgt die Entlastung der Sinnessysteme:

- Reduzierung von Außengeräuschen (Radio, Geklapper von Geschirr in vollen Cafés, Straßenverkehr, Baulärm, Staubsauger, viele durcheinanderredende Menschen);
- Gespräche an ruhigen Orten: Büro, Park, Wald, Feld;
- Verzicht auf grelles Licht und allzu viel und bunte Dekoration. (evtl. auch Tragen von einfarbigen Shirts, die wenig Ablenkung bieten);

- Verzicht auf geruchsintensives Parfüm oder Aftershave;
- Verzicht auf geruchsintensives Essen (z. B. Knoblauch) vor Treffen;
- gutes Lüften der Räume;
- Bei Treffen im öffentlichen Raum: Sitzplatzwahl dem autistischen Menschen überlassen (z. B. »mit dem Rücken zur Wand«);
- Verzicht auf Berührungen (Auf die Schulter klopfen, die Hand oder den Arm tätscheln etc.).

All diese Maßnahmen können dazu beitragen, dass der Betroffene entspannter und aufnahmebereiter ist. Wenn die Wahrnehmungsbesonderheiten Beachtung finden, ist das einem konstruktiven Gespräch zuträglich. Eine Unterhaltung bei einem Spaziergang schafft Entlastung für Menschen, denen der Blickkontakt schwerfällt. Im Vorfeld die Dauer von Treffen zu vereinbaren, wird entlastend erlebt.

4.3.6 Berührungen

Berührungen geschehen im Miteinander von Menschen häufig automatisch und ohne dass wir ihnen große Bedeutung beimessen. Angefangen mit dem Handschlag zur Begrüßung, einer Umarmung, einem flüchtigen die Hand auf den Arm legen, das Schulterklopfen bis hin zu einem freundschaftlichen Knuff.

All diese Berührungen versichern uns unserer Beziehung zu anderen Menschen. Durch diese Berührungen drücken wir Zugehörigkeiten aus. Für Menschen aus dem autistischen Spektrum birgt jede dieser Berührungen Gefahr: Manchmal werden sie als schmerzhaft erlebt. Zu einer Erhöhung des Stresslevels führen sie fast immer. Berührungen zu vermeiden lernen lohnt sich also.

Ich selbst frage meine Klienten aus dem autistischen Spektrum zu Beginn der Behandlung stets, wie wir das Thema »Händeschütteln« halten wollen. Während einige das Händeschütteln nach eigenen Worten »gelernt« haben und dies als »gesellschaftlich erforderlich« in ihr Leben integriert haben, sind andere erleichtert über das Angebot, darauf auch verzichten zu können.

5 Die Aktivitäten des täglichen Lebens (AdtL)

5.1 Die Bedeutung von Betätigung

Eine Grundannahme der Ergotherapie ist, dass jeder Mensch das Bedürfnis hat, sich zu betätigen, wobei die individuelle Bedeutung einer Betätigung je nach Lebenssituation und Stresslevel variiert. Betätigung sollte weder unter- noch überfordern, sondern angemessen sein. Sie verbindet uns mit anderen und beeinflusst unsere Gesundheit und unser Wohlbefinden, wenn sie Folgendes erfüllt:

- Autonomie
  - Die Betätigung ist individuell wählbar.
  - Die Betätigung kann selbstständig durchgeführt werden, z. B. anhand von Plänen.
- Ausbildung von Routinen und Gewohnheiten
  - Die Betätigung integriert sich in den Tages- bzw. Wochenablauf.
  - Routinen sparen Energie, da sich Automatismen entwickeln, über die man nicht mehr nachdenken muss.
- Teilnahme am sozialen Leben
  - gemeinsames Tätigsein
  - Tätigsein für die Gemeinschaft
  - Der gleiche (Tages-)Rhythmus verbindet mit anderen.
- Umwelt
  - Je nach Gestaltung der Umwelt wird Betätigung erst möglich.

Durch Betätigung formt sich die Identität eines Menschen, ganz im Sinne von »Ich bin, was ich tue«: Erst indem ein Schüler morgens seinen Ranzen packt, sich mit seinen Mitschülern auf den Weg zur Schule macht und dort dem Unterricht beiwohnt, entwickelt er die Identität des »Schülers«.

Da die persönliche Identität vom Tun und den damit einhergehenden Rollen abhängt, kann der Verlust einer Betätigung und damit der Rollenverlust zu massiver Verunsicherung führen. Daher führen Übergangssituationen oft zu schweren Krisen.

5.1.1 Der Umweltaspekt

Um Betätigung zu ermöglichen, muss ein Umdenken stattfinden.

Wer nur versucht, die Defizite eines Klienten durch Training zu »verbessern«, wird häufig frustriert. Der Schlüssel liegt in der Umweltanpassung. Durch sie gelingt es deutlich schneller, einfacher und erfolgversprechender, Klienten zu kompetenter Betätigung zu verhelfen.

Die Fragestellung lautet also: Wie kann ich die Umwelt verändern, damit mein Klient

- die Handlung überhaupt oder besser durchführen kann,
- nicht mehr (so sehr) in (sensorischen) Stress gerät und
- maximal selbständig agieren kann?

Eine Kursteilnehmerin zeigte das Video ihres Klienten (frühkindlicher Autist, nicht-sprachlich, Anfang 20), den sie verbal anleitete, sich für die Arbeit fertig zu machen. Auffällig war die Unruhe des Klienten: Immer wieder lief er zurück ins Wohnzimmer, tippelte nervös auf der Stelle oder stimulierte bzw. beruhigte sich selbst durch Brummen oder Klopfen auf den Brustkorb.

Die Umweltanpassung bestand in einem Plan, an dem sich der Klient mithilfe von Karten, auf denen die einzelnen Handlungsschritte dargestellt waren, visuell orientieren konnte. Die Karten, deren Tätigkeit er erledigt hatte (z. B. Schuhe anziehen), legte der Klient in den »Fertig-Korb«.

Im Video nach der Anpassung wirkte der Klient deutlich entspannter. Er blieb stets in der Nähe des Plans, orientierte sich nach jedem Schritt, indem er die erledigte Karte entfernte und auf die nächste tippte. Es konnte kein Tippeln oder Lautieren mehr beobachtet werden. Er wirkte selbstbewusster und zufriedener und war in messbar kürzerer Zeit fertig.

5.2 Die Aktivitäten des täglichen Lebens

Zu den Aktivitäten des täglichen Lebens zählt letztlich jede Form der Betätigung. Typischerweise werden folgende Betätigungen angeführt, welche nachfolgend noch näher beschrieben werden:

- Selbstversorgung,
- Schule/Beruf,
- Mobilität,
- Freizeit,
- Wohnen,
- Schlafen,
- Termine/Arztbesuche,
- Hygiene und
- Freundschaft/Kontakte

5.2.1 Selbstversorgung

Da die meisten autistischen Menschen nicht einfach in die Aufgaben der Haushaltsführung »hineinwachsen«, sind sie nach dem Auszug aus dem Elternhaus oft erstmalig damit konfrontiert. Häufig besteht keine praktische Erfahrung im Kochen, Putzen oder beim Einkaufen. Auch bestehen Unsicherheiten darüber, welche Materialien, Utensilien, Lebens- oder Putzmittel überhaupt benötigt werden. Wo kann man eigentlich was einkaufen? Und wie häufig muss eigentlich was geputzt werden?

Um in diesem Bereich Klarheit und Sicherheit zu erlangen, eignet es sich, Pläne zu entwickeln, z. B.:

1. Essensplan
   Die Lieblingsgerichte werden herausgesucht. Daraus werden Wochenpläne entwickelt. Eine Liste erfasst die für das Gericht benötigten Lebensmittel.
   Da die meisten Rezeptangaben für vier Personen sind, besteht die Möglichkeit, die Mengen anzupassen bzw. gezielt zu viel zu kochen, um den Rest für den nächsten Tag aufzuheben bzw. für einen späteren Zeitpunkt einzufrieren.
   Die Lagerung der Lebensmittel wird besprochen: Was gehört in den Kühlschrank? Was sollte in welchem Zeitraum verwertet werden? Welche Lebensmittel können aufgrund ihrer langen Haltbarkeit auf Vorrat besorgt werden? (Z. B. Nudeln, Salz, Zucker, Mehl, Konserven).
   Wer keine Erfahrung im Kochen hat, kann mit seinem Ergotherapeuten Gerichte gemeinsam ausprobieren (In Ergotherapiepraxen stehen in aller Regel eingerichtete Küchen zur Verfügung).
2. Putzplan
   – Was wird geputzt? Böden, Waschbecken, Dusche, Küche, Flächen, Fenster.
   – Wie wird geputzt? Staubsauger, Wischer/Schrubber, Schwamm, Lappen, Staubwedel/-Tuch, Fensterabzieher etc.
   – Welche Reinigungsmittel werden benötigt? Badreiniger, Kalklöser, Spülmittel, WC-Reiniger etc.
   – Was kann wo gekauft werden? Drogerie, Fachhandel etc.: Einkaufsliste erstellen
   – evtl. gemeinsam einkaufen
   – Plan erstellen: Was wird wie häufig gereinigt? Täglich, wöchentlich, 1x/Quartal.

Wer bisher nicht geputzt hat, ist womöglich dankbar über das Angebot, den Gebrauch der Putzutensilien in der Therapie gemeinsam auszuprobieren.

3. Kleidung einkaufen
   Zunächst wird eine Vorauswahl getroffen: Was wird benötigt? Welches Material wird bevorzugt? Elastische oder feste Kleidung? Welche Farbe und welcher Schnitt werden bevorzugt? Zur Eingrenzung kann es

hilfreich sein, gemeinsam einen Bekleidungskatalog zu durchstöbern. Ist die Vorauswahl getroffen, geht es ans Einkaufen. Auch hier wird eine Vorauswahl der Geschäfte getroffen: Wie viele Geschäfte kann ich mir zumuten? Welche möchte ich besuchen? Wie viel Zeit mute ich mir für den Einkauf zu? Was tue ich, wenn ich spüre, dass eine Reizüberflutung droht? Für solche Situationen sollte ein Notfallplan entwickelt werden.

5.2.2 Schule/Ausbildung

In Schule und Ausbildung stehen Menschen aus dem autistischen Spektrum zahlreiche Hilfen im Sinne eines Nachteilsausgleichs zur Verfügung.

Eingliederungshilfen umfassen z. B. eine persönliche Assistenz in der Kindertagesstätte oder eine Schulbegleitung. Die Maßnahmen in der Schule werden von den Lehrkräften individuell angepasst: Der Arbeitsauftrag kann in der Durchführung modifiziert, zusätzliche Pausen vereinbart oder für Stillarbeiten Gehörschutz angeboten werden. Die fachlichen Anforderungen bleiben unberührt, so dass das Bildungsziel erhalten bleibt.

Weiterhin besteht die Möglichkeit einer (früh-)kindlichen Förderung durch Heilpädagogik, Ergo- oder autismusspezifische Therapie.

Für eine berufliche Ausbildung werden arbeitsbegleitende Hilfen gewährt. Kommt eine betriebliche Ausbildung zunächst nicht in Betracht, kann eine »Erstausbildung« in einem Berufsbildungswerk (BBW) erfolgen. Ziel der Ausbildung in einem BBW ist die Eingliederung des Rehabilitanden auf dem ersten Arbeitsmarkt, sowie die persönliche, soziale und gesellschaftliche Integration.

Studierende Autisten können BAföG erhalten, wobei ein Mehrbedarfszuschlag gewährt wird. Dieser soll die Kosten für technische Hilfsmittel, Mobilitätshilfen, Kommunikations- und Studienassistenzen etc. decken. Weiterhin kann eine das Studium begleitende Autismus-Therapie stattfinden.

Auch Berufstätige können das Angebot der begleitenden ambulanten Autismus-Therapie in Anspruch nehmen. Diese soll der seelischen Stabilisierung, Förderung der sozialen Kompetenzen sowie dem Training lebenspraktischer Fertigkeiten dienen.

Eine Zusammenfassung der Rechte von Menschen mit Autismus hat der Bundesverband für Autismus in Deutschland zusammengestellt: https://www.autismus.de/fileadmin/RECHT_UND_GESELLSCHAFT/Broschuere_Rechte_von_Menschen_mit_Autismus_Stand_13Nov.pdf (Frese, 2017, S. 4–36)

Den Alltag in Schule und Ausbildung können erleichtern:

- klare Regeln und Strukturen,
- Zeiten der Ruhe (z. B. in der Pause drinnen bleiben oder in die Bibliothek dürfen; Angebot von Gehörschutz für Stillarbeiten, Extra-Pausen),
- frühzeitige Ankündigung von Veränderungen mit genauen Erläuterungen der Inhalte und Konsequenzen (z. B. Umbaumaßnahmen, Lehrerwechsel, Klassenausflug, Stundenplanveränderung, Feueralarm etc.),
- nach Bedarf Befreiung von Ausflügen, Sportunterricht, Gruppenarbeit o. ä.,
- Sitzplatz so wählen, dass plötzliche Berührungen durch andere eher unwahrscheinlich sind,
- Umgang mit Materialien (Ton, Kleister, Fingerfarbe, Kreide…) im Kunstunterricht: häufiges Händewaschen tolerieren, evtl. Handschuhe zur Verfügung stellen.

Diese Anpassungen bewirken

- seelische Stabilität durch Reduzierung der Stressoren,
- bessere Leistungsfähigkeit, da die Sinnesysteme entlastet sind, und
- Reduzierung der krankheitsbedingten Fehlzeiten, die durch übermäßigen Stress entstehen.

5.2.3 Mobilität

Manchmal bereitet das Lesen von (Bus- oder U-Bahn-)Plänen Schwierigkeiten und bedarf der Unterstützung und Erklärung. Bei Strecken mit vielen Umstiegen, kann das gemeinsame Ausprobieren Ängste abbauen und Sicherheit bringen.

Der Umgang mit Verspätungen, ausgefallenen Bahnen oder Umleitungen, sowie Reizüberflutung ist eine große Herausforderung. Unterstützung bieten die folgenden Vorgehensweisen.

Verhaltensstrategien entwickeln für Eventualitäten

Verschiedene Szenarien werden durchgespielt, um sinnvolle Verhaltensalternativen zu finden. Da es relativ häufig vorkommt, dass sich ein öffentliches Verkehrsmittel um ein paar Minuten verspätet, kann eine Strategie sein, grundsätzlich eine frühere Verbindung zu wählen und damit einen Puffer einzuplanen. Diesen Puffer sollte auch einplanen, wer schon öfters mit Verspätung an der Haltestelle ankam.

Den Notfall durchzuspielen schafft Sicherheit: Gesetzt den Fall, sämtliche Verkehrsmittel fielen an diesem Tag aus, da z. B. gestreikt würde oder ein Schienenschaden vorläge, welche Handlungsalternativen stünden dann zur Verfügung?

- Benachrichtigung des Vorgesetzten: In Erläuterung der Situation kann mit dem Chef
  - Homeoffice für diesen Tag oder
  - Beförderung mit einem Taxi vereinbart werden.
- Fahrgemeinschaft mit Kollegen
- Bewältigung der Strecke zu Fuß oder mit dem Fahrrad, je nach Entfernung, Wetter und Infrastruktur

Einige meiner Klienten machen sich grundsätzlich mit viel Pufferzeit auf den Weg. Hier lohnt sich der Blick auf die dadurch evtl. entstehende Wartezeit: Welche Beschäftigung am Zielort kann helfen, entstehenden Stress gering zu halten?

Strategien gegen Reizüberflutung

Besonders zu den Stoßzeiten droht Reizüberflutung im öffentlichen Personennahverkehr. Strategien, die den sensorischen Stress reduzieren können, sind:

- auditiv: Gehörschutz, active-noise-canceller oder Kopfhörer;
- visuell: Sonnenbrille;
- vestibulär: einen Sitzplatz in Fahrtrichtung wählen, von dem aus man nach vorne hinaussehen kann und
- taktil: lange Ärmel zur Vermeidung von Hautkontakt auch im Sommer (z. B. dünne Jacke, die beim Verlassen des klimatisierten Fahrzeuges wieder ausgezogen wird).

Autofahren

Selbst Auto zu fahren, bedeutet für viele autistische Menschen eine große Entlastung: Man ist weit weniger Sinneseindrücken als in öffentlichen Verkehrsmitteln ausgesetzt. Weiterhin kommt es deutlich seltener zu einer Überlastung des vestibulären Systems und damit Reiseübelkeit, als wenn man als Beifahrer unterwegs ist. Wer selbst fährt, sollte jedoch nach anstrengenden Terminen Pausen zu Erholung einplanen, bevor er den Heimweg im Auto antritt.

Fahrradfahren

Aufgrund motorischer Ungeschicklichkeit ist Fahrradfahren für manche Autisten undenkbar. Für andere kommt das Fahrrad als Trainingsgerät auf wenig befahrenen Wegen in Betracht, nicht jedoch für den täglichen Gebrauch als Fortbewegungsmittel.

Für andere autistische Menschen ist Fahrradfahren jedoch eine gute Alternative zur motorisierten Fortbewegung. Je nach Besonderheiten der Sinnessysteme ist individuell abzuwägen, ob man sich den direkten Weg durch hohes Verkehrsaufkommen zumutet oder lieber Umwege durch weniger befahrene Straßen in Kauf nimmt, um sicher und möglichst entspannt anzukommen.

5.2.4 Freizeit

Die Freizeitgestaltung bereitet Menschen aus dem autistischen Spektrum oft Kopfzerbrechen. Meist gelingt es zwar, eine Aktivität zu finden, die Freude bereitet. Dennoch wird die Frage nach Hobbies oft zögerlich beantwortet. Es bestehen Unsicherheiten darüber, was sich als Hobby »eignet«, als angemessen gilt und welchen Nutzen die Betätigung hat.

Bei Ermittlung der Interessen, sollte daher immer die Motivation hinterfragt werden:

- Liegt die Tätigkeit im Interessengebiet des Klienten?
- Glaubt er, eine solche Aktivität würde gesellschaftlich von ihm erwartet?
- Geht es ihm um gesundheitlich-präventive Maßnahmen?

Es bedarf der Sensibilität des Ergotherapeuten, um gemeinsam zu erforschen, welche Aktivität dem Klienten die Entspannung bringt, die er sich als Ausgleich zum Beruf wünscht.

Weiterhin sollte eruiert werden, ob der Klient der Tätigkeit alleine oder in einer Gruppe nachgehen möchte:

- Soll es ein angeleiteter Kurs sein oder eine Freizeitgruppe?
- Soll der Termin wöchentlich stattfinden oder wäre ein einmaliger Wochenendkurs zunächst interessanter?

Bei neuen Betätigungen sollte überprüft werden, ob sich das Vorhaben in den Alltag des Klienten integrieren lässt. Auch bei der Einfügung in einen bestehenden Wochenplan kann der Ergotherapeut behilflich sein.

5.2.5 Wohnen

Autistische Menschen leben häufig bis ins Erwachsenenalter bei ihren Eltern. Entwickelt sich der Wunsch nach einer eigenen Bleibe, besteht oft

Unsicherheit über die Umsetzung. Hier können Gedankenspiele im Sinne eines Coachings hilfreich sein, z. B.:

- Will ich alleine wohnen? In einer Wohngemeinschaft? In einer betreuten Wohnung?
- Will ich eine Wohnung anmieten? Eigentum erwerben? Wie gehe ich hierfür vor?
- Wie richte ich eine Wohnung oder ein Zimmer ein? Was benötige ich? Was gefällt mir?

Da Betroffene manchmal kaum andere Wohnungen kennen als die Ihrer Eltern, mangelt es häufig an Ideen, wie man das eigene Zuhause gestalten könnte. Wer keine Alternativen kennt, für den wird es schwer zu entscheiden, was gefällt.

Der Ergotherapeut kann unterstützen

- durch das Aufzeigen verschiedener Optionen (z. B. durch Kataloge oder den Besuch von Einrichtungshäusern).
- durch Beratung bezüglich der Wahrnehmungsbesonderheiten (z. B. verschlossene Schränke statt offener Regale und Vitrinen).

5.2.6 Schlafen

Bei autistischen Kindern bestehen zehnmal häufiger Schlafprobleme als bei einer Kontrollgruppe ohne Autismus (Sivertsen, Posserud, Gillberg, Lundervold & Hysing, 2012). Weiterhin persistieren Ein- und vor allem Durchschlafprobleme häufiger.

Harrietts Beispiel (▶ Kap 4.1.4) zeigt, welche Faktoren das Ein- und Durchschlafen verbessern können:

Menschen mit verminderter Körperwahrnehmung spüren sich nicht gut. Sie erhöhen oft unbewusst ihren Muskeltonus, da sie sich in dieser Anspannung besser wahrnehmen. Beim Einschlafen fährt jedoch unser Muskeltonus herunter. Die Selbstwahrnehmung reduziert sich weiter und manchmal auf ein unerträgliches Maß, »als würde man sich auflösen«.

Tiefdruck erleichtert das Einschlafen:

- Gewichtsdecken (Druck auf den Körper, anschmiegen an die Körperkonturen),
- schwere Zudecken (z. B. Wolldecken statt leichter Federbetten),
- Umgrenzung der körperlichen Konturen, z. b. durch eine gerollte Decke, die unter dem Laken als Wurst um den Körper drapiert wird,
- Handhalten zum Einschlafen (wenn diese Berührung toleriert wird).

Kälte als Einschlafhilfe (fährt das Erregungsniveau herunter):

- Zimmer herunterkühlen (auf etwa 16–18 Grad Celsius),
- Kühlpack oder gekühltes Kirschkernkissen in die Hände geben,
- gekühlte Schlafbrille aufziehen.

Rhythmus als Einschlafhilfe:

- festgelegte Rituale vor dem Schlafengehen,
- feste Schlafenszeiten,
- evtl. ruhige Musik zum Einschlafen,
- Manche Kinder nutzen Bewegungen des Kopfes oder der Gliedmaßen, um sich zur Ruhe zu bringen. Während diese »Jaktationen« häufig negativ bewertet werden, können sie den Einschlafprozess fördern und sollten den Kindern gewährt werden.

5.2.7 Termine/Arztbesuche/Telefonate

Besuche bei Ärzten oder Termine auf Ämtern bedeuten für Menschen aus dem autistischen Spektrum oft große Aufregung. Viele unbekannte Parameter versetzen sie in Stress:

- fremde Räumlichkeiten,
- fremde Personen,
- unbekannte Wartezeiten oder
- unbekannte Fragen, die gestellt werden.

Hinzu kommt die rasche Kommunikation des Arztes, der davon ausgeht, eine »normale« körperliche Untersuchung vorzunehmen, was für den Betroffenen womöglich undenkbar ist.

Der Therapeut kann in Absprache verschiedene Aufträge übernehmen, z. B.:

1. Information des Arztes/der Sprechstundenhilfen über die Besonderheit des Klienten (um besondere Verhaltensweisen zu erklären, Wartezeiten zu verkürzen o. ä.),
2. Information des Arztes, dass lediglich ein Informationsgespräch gewünscht wird und von einer körperlichen Untersuchung abzusehen ist,
3. Begleitung des Klienten zum ersten Termin, um ihm die Situation im Wartezimmer zu erleichtern.

Telefonate zu führen, bedeutet für viele Menschen aus dem Autismus-Spektrum eine Herausforderung. Durch den erhöhten Stresspegel entgehen den Betroffenen wichtige Informationen. Kann alternativ per E-Mail korrespondiert werden, bedeutet das eine große Erleichterung. Andererseits ist Faktum: Schriftlicher Informationsaustausch erfolgt nicht prompt. Die Korrespondenten können sich mit dem Antworten Zeit lassen. Aber sie haben die Informationen in schriftlicher Form vorliegen, was ein wiederholtes Nachlesen ermöglicht.

Besteht keine Alternative zum Telefonat, so kann auch dies vom Therapeuten übernommen werden. Bewährt hat sich, die Inhalte, die es zu erfragen oder weiterzugeben gilt, im Vorfeld genau festzulegen. Das Telefonat sollte in Anwesenheit des eigentlichen Adressaten geführt werden, so dass er mithören und gegebenenfalls erforderliche Entscheidungen treffen kann.

5.2.8 Hygiene

Beim Thema Hygiene kann das Geschlecht des Therapeuten entscheidend sein: Eine Klientin wird voraussichtlich nur mit einer weiblichen Therapeutin über ihre Menstruationshygiene sprechen.

Die Erfahrung zeigt, dass häufig das grundlegende »Gefühl für Hygiene« bei den Betroffenen fehlt. Viele sind daher dankbar, über einen gemeinsam erarbeiteten Plan, der besagt, wie oft geduscht wird und wie häufig Haare zu waschen, Finger- und Fußnägel zu schneiden sind. Auch die »Selbstverständlichkeit« nach dem Duschen ein Deodorant zu benutzen und frische Kleidung anzuziehen, kann eine wichtige Information sein. Da Menschen aus dem autistischen Spektrum in erster Linie auf der Sachebene kommunizieren, löst auch das Thema Hygiene – behutsam angepackt – in aller Regel keine Empfindlichkeiten aus.

5.2.9 Freundschaft/Kontakte

Auch Menschen aus dem autistischen Spektrum sehnen sich nach menschlichen Kontakten (vgl. Preißmann, 2015). Doch wie findet man Freunde oder Bekannte?

Da sich Freundschaften häufig aus ähnlichen Interessen oder ähnlichen Lebenssituationen entwickeln, eignen sich zunächst Selbsthilfe- oder Autismus-Gesprächsgruppen, um auf Menschen mit ähnlichen Hintergründen zu treffen. Hier muss die Diagnose nicht groß erklärt werden, sondern man kann je nach Sympathie in Kontakt treten. Weiterhin können Kurse (VHS, Sportvereine, kirchliche Gruppe) zu bestimmten Themen hilfreich sein, um Gleichgesinnte zu treffen.

Um die richtige Entscheidung für sich zu finden, gilt es zu bedenken, wie häufig man eine solche Gruppe besuchen wollen würde:

- Wöchentlich? Dann eignen sich Vereine, fortlaufende Kurse oder kirchliche Gruppen.
- Einmalig? Dann ist ein Impuls-Kurs, der einmalig stattfindet besser geeignet.

Auch Angebote von Mehrgenerationenhäusern gelten häufig für alle Interessierten. Hier kann man oft unverbindlich teilnehmen, so wie es einem gut tut.

Wenn es um Smalltalk geht, so sind nicht nur autistische Menschen häufig überfordert.

Herr Schmitz (55 Jahre, Asperger) hat das Thema »Smalltalk« analysiert und auf den Punkt gebracht:

»Sag das, was Du siehst! Kommt Deine Nachbarin mit Einkaufstüten nach Hause, dann sage ›Warst Du einkaufen?‹ Schon entwickelt sich eine kleine Unterhaltung.« Auch, um ein Gespräch wieder zu beenden, hatte Herr Schmitz eine Strategie parat: »Wenn man sich einige Schritte rückwärts bewegt, erkennen die meisten, dass man das Gespräch wieder beenden möchte. Falls das nicht registriert wird, so sage er einfach: »Ich muss jetzt weiter«, was die meisten so akzeptieren würden.

5.3 Weitere Hilfsangebote

Der erfahrene Therapeut behält die Themen des Klienten im Blick und sucht nach weiteren Hilfsangeboten.

Die erste Adresse ist der Bundesverband Autismus Deutschland e. V. (https://www.autismus.de/ueber-uns/struktur-des-bundesverbandes/regionalverbaende-und-mitgliedsorganisationen.html). Der Selbsthilfeverband mit fast 60 Regionalverbänden vertritt die Interessen von autistischen Menschen und ihrer Angehörigen. Auf der Internetseite finden sich neben allgemeinen Informationen über Autismus und Literaturempfehlungen auch Informationen über rechtliche Ansprüche, sowie eine Liste von Anwälten, die sich mit Autismus auskennen. Ebenso findet man Angebote zum betreuten Wohnen.

Selbsthilfegruppen werden von Betroffenen oder Angehörigen gleichermaßen emotional entlastend erlebt: Man ist nicht alleine mit seinen Themen. Durch Austausch entwickeln sich neue Kompetenzen und manch einer sammelt erste Peergroup-Erfahrungen.

Je nach Gemeinde finden sich Angebote der Caritas, der Kirchen, des Deutschen Roten Kreuzes oder ähnlichen Einrichtungen. Unter dem Stichwort »Beratung für Menschen mit Behinderungen« findet man Ansprechpartner, die bei Gefährdung der Teilhabe am gesellschaftlichen, familiären oder Arbeitsleben z. B. durch eine »Assistenz« helfen.

Viele dieser Stellen kennen sich bereits mit Autismus aus. Jedoch stößt man zumeist auch bei unerfahrenen Helfern auf großes Interesse und Offenheit, autistischen Menschen zu helfen. Es lohnt sich, genau zu beschreiben, wie die Unterstützung konkret aussehen müsste.

Der Einstieg kann für alle Seiten leichter sein, wenn das erste Treffen im Rahmen eines Termins in der Ergotherapie stattfindet.

6 Arbeit

6.1 Einleitung

Im vergangenen Jahr bildete ich mich zur Personalreferentin weiter.

Durch zahlreiche Coachings, die ich mit autistischen Klienten im beruflichen Kontext durchführen durfte, erlangte das Thema »Arbeit« für mich mehr und mehr an Bedeutung.

Manche autistischen Arbeitnehmer, z.T. hochqualifiziert, benötigen Unterstützung, um ihre Arbeit überhaupt ausführen zu können. Aufgrund ihrer Wahrnehmungsbesonderheiten geraten sie regelmäßig in Überlastungssituationen, die einem täglichen konzentrierten Arbeiten entgegenwirken und bis zum regelmäßigen Zusammenbruch führen können.

Andere schaffen es, sich am Rande der Erschöpfung zu bewegen, wollen aber mehr: sich beruflich verwirklichen oder neben der Arbeit auch eine erfüllte Freizeit gestalten.

Sie benötigen also weder fachliche noch methodische Hilfestellung. Vielmehr geht es immer wieder um dieselben Themen:

- Stressmanagement im beruflichen Alltag,
- Anpassung des Arbeitsplatzes (und/oder der Arbeitszeit) an Wahrnehmungsbesonderheiten,
- soziale Interaktion mit Kollegen und Vorgesetzten sowie
- Umgang mit der Diagnose.

Es ist für mich immer wieder erstaunlich, dass Unternehmen auf hochqualifizierte Mitarbeiter verzichten, die mit wenig aufwendigen Anpassungen zu wertvollen Arbeitnehmern werden könnten.

6.2 Der autistische Arbeitnehmer – eigentlich ein Jackpot

Autistische Mitarbeiter sind sehr loyal und bleiben damit oft lange in einem Unternehmen. Sie sind zutiefst an ihrem Fachgebiet interessiert und daher oft überdurchschnittlich qualifiziert und motiviert. Passen die Rahmenbedingungen, können sie Höchstleistung erbringen. Autistische Mitarbeiter wollen die Sache voranbringen und taktieren nicht, um evtl. persönlich besser da zu stehen. Sie sind ausdauernd und zuverlässig. Gerade bei Routineaufgaben sind sie häufig ihren neurotypischen Kollegen überlegen, da ihre Detailgenauigkeit nicht abnimmt.

Autistische Mitarbeiter sind zutiefst ehrlich. Wer also um ein Feedback bittet, um doch nur gelobt zu werden, wird evtl. überrascht. Wer jedoch fachlich feststeckt, den wird die Rückmeldung des autistischen Kollegen voranbringen.

Sucht ein Unternehmen nach einer Fachkraft, die gut ausgebildet, hochmotiviert und an der Sache mehr interessiert ist als am eigenen Ego, so hat es mit einem autistischen Mitarbeiter den Jackpot gezogen.

6.2.1 Der autistische Mitarbeiter – Bedeutung und Potential für Unternehmen

In Zeiten des Fachkräftemangels stellt es für Unternehmen eine Chance dar, auf qualifizierte autistische Fachkräfte zu setzen. Viele größere Betriebe haben das erkannt und Menschen mit neurodiversen Besonderheiten bereits in ihr Diversity-Profil mit aufgenommen. Das Ziel des Diversity-Managements ist, Mitarbeiter mit all ihren Unterschieden einzig entsprechend ihrer Stärken einzusetzen, um so »die personelle und soziale Vielfalt möglichst effektiv zu nutzen und in den Erfolg des Unternehmens zu integrieren«(Workwise, 2023). Denn autistische Mitarbeiter können nicht nur dabei helfen, den quantitativen Bedarf an Fachkräften zu decken.

(Neuro-)«Diverse Teams sind die erfolgreicheren Teams!«, so postulierten die Personalvorstände der großen Unternehmen auf der ZPE[9] 2023 in Köln. Denn diverse Teams vereinen unterschiedliche Sichtweisen, was Diskussionen bereichern und Entscheidungen nachhaltiger gestalten kann.

6.3 Die derzeitige Arbeitssituation für Autisten

Etwa 1 % der Bevölkerung bewegt sich im Autismus-Spektrum. Laut einer Parlamentarischen Anfrage des Europaparlaments von 2021 sind »Menschen mit Autismus, auch solche mit überdurchschnittlichem Bildungsniveau, (…) unverhältnismäßig stark von Arbeitslosigkeit betroffen. Ihre Beschäftigungsquote liegt unter 10 % und damit weit unter den Quoten von 47 % bei Menschen mit Behinderungen und von 72 % bei Menschen ohne Behinderungen« (Europäisches Parlament, 2021).

Insbesondere gut ausgebildete Autisten haben geringere Chancen, eine Anstellung zu finden, da für sie Werkstätten als Beschäftigungsstätte ausscheiden. So sind selbst höchst qualifizierte Autisten häufig ohne Arbeit.

Anstellungsverhältnisse für autistische Arbeitskräfte scheitern häufig an:

- ungeraden Lebensläufen, z. T. mit größeren Lücken,
- erschwerter Selbstdarstellung; zu kritischer Blick auf sich selbst,
- sozialen Anforderungen im Vorstellungsgespräch und mit Kollegen,
- Aufgabenmanagement: Multitasking, Priorisierung, Zeitmanagement erschwert,
- Stressmanagement: Masking, Nicht-Äußerung von besonderen Wahrnehmungsbedürfnissen durch autistische Mitarbeiter oder Unverständnis der Kollegen bezüglich der besonderen Wahrnehmungsbedürfnisse

---

9 Zukunft Personal Europe = Europas größte Fachmesse für Personalmanagement

Masking, also das Verbergen des Autismus in der sozialen Interaktion, mache, laut einer unter autistischen Arbeitnehmern durchgeführten Befragung, krank (REHADAT, 2019).

6.4 Fallstricke für den beruflichen Erfolg autistischer Mitarbeiter

6.4.1 Übergangssituationen

Der Übergang von einer Lebenssituation zur nächsten, wie z. B. von der Schule ins Studium oder vom Studium in den Beruf, kann bei allen Menschen Stress verursachen. Mit dem Wechsel der Rollen verliert man auch einen Teil seiner »Identität«. Dies kann verunsichern. Für autistische Menschen ist dieser Prozess besonders herausfordernd, da ihr Grund-Stresslevel meist schon erhöht ist. Bereits eine geringfügige zusätzliche Belastung kann als bedrohlich erlebt werden.

6.4.2 Bewerbung

Erste Schwierigkeiten können sich schon im Bewerbungsprozess ergeben. Aufgrund ihres expliziten Sprachverständnisses bewerben sich Autisten vornehmlich auf Stellen, deren Anforderungen sie zu 100 % entsprechen. Es fällt ihnen schwer einzuschätzen, was z. B. unter »guten Excel-Kenntnissen« zu verstehen ist. Gemessen an dem, was das Programm tatsächlich kann, schätzen sie ihre eigene Kompetenz womöglich als zu gering ein.

Ein einnehmendes Anschreiben zu formulieren, fällt vielen meiner Klienten schwer, da es hierbei mehr auf den Ton als auf den Inhalt ankommt.

6.4.3 Vorstellungsgespräch

Vorstellungsgespräche haben für autistische Bewerber ein noch höheres Stresspotential als für neurotypische Kollegen: Zunächst soll man sich in fremder Umgebung zurechtfinden, dann mit fremden Leuten Smalltalk führen und dabei möglichst freundlich aussehen, idealerweise den Blickkontakt halten und schließlich sind offen formulierte Fragen zu beantworten, deren Absichten nicht immer klar erkennbar sind.

Mit etwas Glück wurde man im Vorfeld zumindest bezüglich angemessener Kleidung beraten.

6.4.4 Kommunikation

Einmal im Unternehmen angekommen, bleibt die Kommunikation häufig anstrengend. Während der fachliche Austausch leicht fällt, bereiten kurze Gespräche an der Kaffeemaschine Schwierigkeiten: »Was soll ich sagen, was nicht völlig unerheblich ist?«.

Meine Klienten gehen arbeiten, um einen guten Job zu machen. Dass das nur gelingt, wenn man auch mit den Kollegen kommuniziert, ist allen klar. Was sie jedoch nicht verstehen, ist, warum »ständig« miteinander geredet werden muss.

> Frau Voigt berichtete, dass ihre Bürokollegin jede Möglichkeit ergreife, sie in ein **Gespräch** zu verwickeln. Sie selbst wolle doch nur ihrer Arbeit nachgehen, habe aber das Gefühl, unhöflich zu sein, wenn sie ihrer Kollegin nicht genügend Beachtung schenke. Auf der anderen Seite habe sie bereits klar kommuniziert, dass sie lieber arbeiten, statt plaudern wolle.

Ein anderes »Problem« ist die Ehrlichkeit von Autisten. Werden sie um ihre Meinung gebeten, so äußern sie diese. Ihre Meinung aber auf das abzustimmen, was ihr Gegenüber noch als höflich empfindet, am besten gepaart mit einem Kompliment am Rande, gelingt ihnen häufig nicht.

Frau Wagner berichtete davon, dass ihre Vorgesetzte nach Feedback verlangt habe. Sie habe ihrer Chefin daraufhin aufgezählt, was alles nicht gut laufe. Ihre Chefin habe sehr verärgert reagiert. Frau Wagner erzählte weiter, dass ihre Kolleginnen viele Dinge genauso wie sie sähen. Sie hätten jedoch mittlerweile resigniert und redeten der Chefin nun nach dem Mund. Das bringe nun sie selbst in die Position einer ewigen Nörglerin. Aber sie könne nicht einfach »nichts« sagen.

Weiterhin ist **Multitasking** für viele Autisten schwierig. Einmal in eine Aufgabe vertieft, kostet es sie viel Kraft, sich nach kurzer Unterbrechung erneut in ein Thema einzudenken. Gerade im sogenannten *Hyperfokus* reagieren sie auf Ansprache sehr schreckhaft.

Betriebsfeiern überfordern viele meiner Klienten. In diesen offenen Situationen wissen sie nicht recht wohin mit sich und mit wem über was reden. Die Geräuschkulisse erschöpft sie so sehr, dass sie am Folgetag um ihre Arbeitskraft fürchten müssen, weshalb viele lieber gleich auf das gemeinsame Fest verzichten.

Auch mit **Wahrnehmungsüberlastung** und Reizüberflutung haben viele Autisten am Arbeitsplatz zu kämpfen. Gerade das Großraumbüro, die Arbeit in einer Klinik oder einer Produktionsstätte kann regelmäßig an die eigenen Kapazitätsgrenzen bringen.

Herr Winter klagte über Reizüberflutungen während der Arbeitszeit, die ihn mehrmals die Woche ereilten. In der Produktionshalle sei es laut, hell und das reinste »Gewusel« von Kollegen. Neben den auditiven und visuellen Reizen mache ihm zusätzlich die Hitze zu schaffen. Aufgrund seiner vielen Fehlzeiten seien bereits Gespräche geführt worden. Er habe zwar die Unterstützung der Behindertenvertretung und des Integrationsfachdiensts, doch auch für ihn sei die Situation so unerträglich.

Seine Aufgabe sei die Wartung der Maschinen, weshalb er im Gespräch mit den Kollegen sein müsse. Daher sei ein Gehörschutz nur bedingt geeignet. Wir überlegten gemeinsam, dass ihm eine Druckweste helfen könnte und er bestellte ein Exemplar aus Neopren, das relativ dezent auch unter Kleidung zu tragen ist. Ein Schneider vor Ort fügte noch einen Reißverschluss auf der Vorderseite ein, damit Herr Winter die Weste, die nur hinten zu schließen war, bequem selbst an- und ausziehen konnte.

Die Situation verbesserte sich unmittelbar. Letztlich berichtete Herr Winter, über Wochen und z. T. Monate ohne Reizüberflutung gewesen zu sein. Seine Fehlzeiten reduzierten sich drastisch.

Neben der Geräuschbelastung am Arbeitsplatz fehlt es oft an Rückzugsräumen für die Pausenzeiten. Wer um die Mittagszeit in die Kantine geht, ist dem Lärm durch Geschirrgeklapper und sich unterhaltende Menschen ausgesetzt, was das Stresslevel zusätzlich erhöht. Damit führt die Pause nicht zur gewünschten Erholung.

6.5 Best-Practice für autistische Mitarbeiter

Damit autistische Mitarbeiter gut arbeiten können, benötigen sie passende Arbeitsbedingungen. Bewertungskriterien der menschengerechten Arbeitsplatzgestaltung sind (Agentur Junges Herz, 2022):

- Erträglichkeit,
- Zumutbarkeit,
- Ausführbarkeit,
- Persönlichkeitsförderlichkeit und
- Zufriedenheit.

Der Arbeitgeber ist dazu angehalten, sich an den Bedürfnissen der Mitarbeiter zu orientieren.

Was aber für andere Arbeitnehmer »erträglich« oder »zumutbar« ist, kann für autistische Mitarbeiter völlig unpassend sein. Da passende Arbeitsbedingungen die Leistungsfähigkeit autistischer Mitarbeiter massiv steigern können, lohnt es sich für Arbeitgeber, deren Bedürfnisse zu erfassen und Arbeitsplätze entsprechend anzupassen.

6.5.1 Umgang des Unternehmens mit Autismus – Unternehmenskultur

Diversität wird immer mehr zu Chance und zum Wettbewerbsvorteil. Damit das »Zusammen« gut funktionieren kann, ist Öffentlichkeitsarbeit essenziell. In der Firmenzeitung oder im Blog kann darüber berichtet werden, welche Besonderheiten autistische Mitarbeiter aufweisen – Stärken wie Bedürfnisse – und was das für ein gutes Miteinander bedeutet. Im besten Fall ist der theoretischen Beschreibung die Erfolgsstory eines gut integrierten autistischen Mitarbeiters angehängt.

Vermittelt die Unternehmenskultur, dass autistische Mitarbeiter willkommen sind, so bewerben sich mehr autistische Fachkräfte. Integrierte autistische Mitarbeiter werden ermutigt, offener mit ihrer Diagnose umzugehen, was nicht nur den Umgang miteinander erleichtert, sondern auch das kraftraubende »Masking« überflüssig macht.

Autisten selbst sehen »als wichtigsten Faktor für eine gelingende berufliche Teilhabe die Aufklärung von Führungskräften und Kollegen und als Folge ein verständnisvolles Team« (REHADAT, 2029).

6.5.2 Soziale Interaktion

Double-Empathy-Problem

Oft wird übersehen, dass die Kommunikation mit Autisten nicht nur einseitig erschwert ist. Das Double-Empathy-Problem (vgl. Milton et.al., 2018) erklärt, dass es nicht nur Autisten schwerfällt, die Mimik, Gestik und Intonation der Stimme ihres Gegenübers zu deuten und einzuordnen. Aufgrund der reduzierten Mimik, Gestik, Intonation und des reduzierten Blickkontakts sowie der manchmal besonderen Ausdrucksweise von Autisten, fällt es auch neurotypischen Menschen schwer, zu verstehen, wie ihr autistisches Gegenüber etwas gemeint haben könnte oder was in ihm vorgeht. In den allermeisten Fällen meinen autistische Menschen die Dinge genauso, wie sie sie sagen – ohne Hintergedanken. Häufig werden jedoch Motive hinter der Kommunikation vermutet oder Absichten hineininterpretiert, die gar nicht bestehen. Hier hilft nur: Nachfragen. Es sind also wie immer beide Gesprächspartner dafür verantwortlich, dass der Empfänger versteht, was der Sender meint.

Wie oft autistische Menschen nicht richtig verstanden werden, zeigen folgende Zitate:

> »Ich werde häufig gefragt, ob ich verärgert oder desinteressiert sei, wenn ich konzentriert zuhöre.«

> »Als ich mein Referat vor den Kommilitonen hielt und innerlich fast gestorben wäre, fragte mich meine Freundin hinterher: ›Wieso sieht man dir das gar nicht an?‹«

> »Wenn ich müde bin und meine Gesichtsmuskulatur entspanne, erkennt selbst meine Schwester nicht, wie es mir geht und fragt verunsichert, ob alles okay sei.«

> »Manchmal würde ich auch am liebsten einfach heulend zusammenbrechen, damit die anderen mal erkennen, wie es mir geht.«

> »Für mich ist es eine Superpower, dass man mir in Vorstellungsgesprächen oder bei Vorträgen meine Nervosität nicht ansieht!«

Vorstellungsgespräche – strukturierte soziale Interaktion

Um bei Vorstellungsgesprächen einen möglichst guten Eindruck von den Fähigkeiten autistischer Bewerber zu erhalten, sind folgende Maßnahmen hilfreich:

- Autistische Bewerber erhalten die Interview-Fragen vorab.
- Ablauf, Zeitrahmen und Anwesende werden im Vorfeld bekanntgegeben.
- Klärung vorab, ob »die Hand geben« okay ist oder eine andere Form der Begrüßung bevorzugt wird
- Verzicht auf Smalltalk
- präzise und geschlossene Fragen, die nicht die Spekulation des Antwortenden erfordern
- Verzicht auf Zweideutigkeit

- Bei »unauffälligen« Autisten nicht die Diagnose in Zweifel ziehen[10] (wird leider immer wieder berichtet)
- »auffällige« Autisten anhand ihrer fachlichen Kompetenz beurteilen

Hilfreiche Fragen

- »Was macht *Ihren* Autismus aus?« (Vorzüge wie Schwierigkeiten/Bedürfnisse)
- »Was brauchen Sie, um gut arbeiten zu können (Rahmenbedingungen, Hilfsmittel…?) und um sich weiterzuentwickeln?«
- Mobbing-Prävention: »Wie (öffentlich) wollen Sie mit der Diagnose umgehen?«

Unstrukturierte soziale Interaktion

Besonders schwierig sind ungeplante Situationen wie die Kaffeepause, das Tür-und-Angel-Gespräch oder das Zusammentreffen in der Mittagspause und auf Betriebsfeiern.

Situationen, in denen andere entspannt ins Plaudern kommen, sind für autistische Menschen häufig stressbehafteter als z. B. Präsentationen. Es lässt sich nicht kalkulieren, welches Thema besprochen wird, noch wer einen überhaupt anspricht. In Situationen mit mehreren Gesprächspartnern ist schwer zu erkennen, wann eine Erwiderung erwartet wird. Oder es dauert zu lange, bis entschieden ist, welche Antwort passend sein könnte, so dass das Gegenüber ungeduldig wird oder das Interesse verliert. Manchmal wird auch der fehlende Blickkontakt als Desinteresse missdeutet, was umso fataler ist, als dass der »entspannte Blick« häufig die Voraussetzung dafür ist, um sich auf den Gesprächsinhalt zu konzentrieren.

Viele meiner Klienten meiden Betriebsfeste oder nehmen nur partiell daran teil, um sich zu schützen. Dies schließt sie unweigerlich von infor-

---

10 Das ist kein Kompliment, sondern spricht den Mitarbeitern ihren Unterstützungsbedarf ab. Gutes Maskieren kostet Kraft, die dann an anderer Stelle fehlt.

mellen Gesprächen aus, die auf solchen Feiern stattfinden, so dass im schlimmsten Fall ein Informationsdefizit entsteht.

Was kann man tun?

- gezielt Informationen weitergeben, die »nebenbei« verbreitet wurden, bestenfalls schriftlich (evtl. durch einen »Paten« oder »Mentor«)
- Geduld in Gesprächen: Wird nicht sofort erwidert, liegt das oft daran, dass vor einer Äußerung verschiedene Alternativen abgewogen werden.
- Die Teilnahme an Betriebsfesten freistellen bzw. die Teilnahme am Rande ermöglichen. Hierfür genaue Informationen über Ablauf, Verköstigung, zu erwartende Lautstärke weitergeben (spielt eine Band o. ä.).
- freundlich bleiben und nicht auf Gespräche an der Kaffeemaschine beharren
- für wichtige bzw. fachliche Gespräche (auch für kurze Absprachen) möglichst Termine vereinbaren
- bei Unsicherheit: nachfragen.

Kontakt mit Kollegen

Autistische Mitarbeiter gehen in erster Linie arbeiten, um zu arbeiten. Viele freuen sich auch über die sozialen Kontakte, die sie auf der Arbeit knüpfen. Der fachliche Austausch steht hier klar im Vordergrund.

Autisten äußern ihre ehrliche Sicht auf die Dinge, wenn sie gefragt werden. Ihre Rückmeldung in freundliche Floskeln zu verpacken, gelingt den wenigsten. Ist diese Eigenschaft im beruflichen Kontext bekannt, so können Missverständnisse vermieden werden. Ehrlichkeit wird nicht mit Unfreundlichkeit verwechselt. Feedback kann da gezielt eingefordert werden, wo es gebraucht wird, um die Sache voranzubringen. In diesen Fällen kann die Rückmeldung des autistischen Kollegen von großem Nutzen sein.

Da Multitasking wichtige Ressourcen kostet, die dann nicht mehr für die Arbeit zur Verfügung stehen, sollte die konzentrierte Arbeit an einem Thema ermöglicht werden. Häufige Unterbrechungen gilt es zu vermeiden. Selbst für kurze Absprachen eignet es sich, digital nachzufragen, wann es passt. Die Möglichkeit, das Mailprogramm vorübergehend stumm zu stellen, ist genauso hilfreich wie nur wenige an Randzeiten liegende Besprechungen.

Wie Kommunikation im beruflichen Kontext gelingen kann

- Umgang mit Kollegen:
  - Verzicht auf Ironie und Sarkasmus; im Zweifel erklären, um Missverständnissen vorzubeugen
  - Reduzierte oder fehlende Mimik bedeutet nicht Antipathie oder Desinteresse; im Zweifel fragen.
  - Der Austausch über fachliche Themen ist einfacher als Smalltalk.
- Teamsitzungen:
  - evtl. Absprachen über die Häufigkeit der Teilnahme an Teamsitzungen, z. B. kurz teilnehmen, um die eigenen Ergebnisse vorzustellen. Im Nachgang weitere Informationen dem Protokoll entnehmen.
- Betriebsfeiern:
  - die Teilnahme an einer Betriebsfeier freistellen
  - gegebenenfalls einen Ort wählen, an dem man den vielen Reizen auch entkommen kann (z. B. Restaurant mit angrenzendem Park)
  - evtl. mit einem bestimmten Kollegen verabreden, mit dem ein Teil der Feier verbracht wird.

Hilfreich ist ein fester Ansprechpartner für den autistischen Mitarbeiter. Diese Vertrauensperson sollte wohlwollend sein und ihm wie ein Mentor zur Seite stehen, das soziale Gefüge erklären und mit ihm gemeinsam bei Schwierigkeiten nach passenden Lösungen suchen.

Der Mentor kann ein Kollege sein oder z. B. der Diversity-Abteilung angehören.

6.5.3 Arbeitsplatz und besondere Wahrnehmung

Der Stress, dem autistische Mitarbeiter ausgesetzt sind, bleibt dem Unternehmen meist verborgen, bis er sich in wiederkehrenden krankheitsbedingten Fehlzeiten zeigt.

6.5 Best-Practice für autistische Mitarbeiter

Herr Kowalczyk, promovierter Physiker, wollte eine Beratung, da ihn fast tägliche Zusammenbrüche plagten. Trotz 100% Arbeitszeit im Homeoffice bringe ihn sein Arbeitstag häufig an seine Grenzen und darüber hinaus. Seine Ehefrau beschrieb, dass ihr sonst ruhiger und liebevoller Ehemann in diesen Situationen oft laut werde und auch mal etwas herunterwerfe. Nach diesen Ausbrüchen folge dann jeweils eine große Erschöpfung mit bis zu 4 Stunden Schlaf, bis er wieder bei sich sei. Er verbringe demnach den Großteil seiner Wach-Zeit damit, zu arbeiten oder sich von seinen Erschöpfungszuständen zu erholen!

Die Anamnese sowie die Überprüfung seiner Wahrnehmungsbesonderheiten ergaben, dass er ständig »unter Strom« stand. Sein Stresspegel war derart hoch, dass ihn jede emotionale Abweichung (Freude wie Ärger) aus diesem fragilen Gleichgewicht brachte. Er könne auch nicht spüren, wenn es gleich zu einem Ausbruch komme, sondern sei diesen Situationen regelrecht ausgeliefert.

Ziel war die Stabilisierung dieses fragilen Zustands.

Da er bereits eine Gewichtsdecke besaß, besprachen wir, dass er sie mehrmals am Tag nutzen solle. Nach etwa 2–3 Stunden Arbeit solle er sich ca. 20 Minuten darunterlegen, möglichst in einem kühleren, abgedunkelten Raum. Hierdurch solle regelmäßig aufkommender Stress reduziert werden in der Hoffnung zukünftige Peaks zu verringern.

Etwa 4 Wochen nach unserem ersten Termin meldete sich seine Frau per E-Mail, um zu berichten, dass sie es gar nicht glauben könne: Bisher habe es keine weiteren Ausbrüche oder Erschöpfungszustände gegeben.

Einfache Anpassungen können den sensorisch bedingten Stress von autistischen Mitarbeitern minimieren und damit ihre Leistungsfähigkeit und Lebensqualität enorm steigern:

Allgemeine Maßnahmen bei empfindlicher Wahrnehmung

- Einzelbüro
- Rückzugsraum (bestenfalls mit Gewichtsdecke, Kühlpacks, dimmbarem Licht)

- Homeoffice nach Bedarf (minimiert sensorischen Stress. Manche Autisten bevorzugen jedoch die räumliche Trennung von Arbeit und Zuhause und pflegen gerne ihre beruflichen Kontakte.)
- Fidget-Spiele zur Stressregulation zur Verfügung stellen
- wichtige Arbeitsanweisungen immer verschriftlichen
- Arbeiten zu Randzeiten hilft, um den Hauptberufsverkehr zu umgehen.
- die ruhige Mittagspause:
  Teilbereich der Kantine zum Ruhebereich erklären, evtl. das Licht dimmen, bestenfalls Kollegen zur Einhaltung der Ruhe anhalten
- Möglichkeiten des Rückzugs schaffen:
  Nutzung von Krankenzimmern oder Besprechungsräumen für Pause

Um Autisten im Hyperfokus nicht zu erschrecken und durch unvorbereitete Ansprache ihr Stressniveau unnötig zu erhöhen, bietet sich folgendes an:

- Kontaktaufnahme per Chat-/E-Mail-Programm
- Terminplaner mit Erinnerungsfunktion
- Verzicht auf plötzliche Ansprache
- digitale Anfrage auch für kurze Absprachen

Auditive Empfindlichkeit

- Arbeitsplatz:
  - Einzelbüro
  - in Großraumbüro, Produktion und anderen Arbeitsplätzen mit Lärmbelastung: Gehörschutz (▶ Kap. 4.2.2), stressreduzierende Maßnahmen, wie Fidget-Games, Kühlpacks, Knautschbälle etc.
  - Rückzugsort (z. B. Besprechungsraum)
- Lärm durch Umbaumaßnahmen etc.:
  - Frühzeitige Information verhilft zu einem entspannteren Umgang damit.
  - Homeoffice für die Zeit der Lärmbelästigung ermöglichen.

Visuelle Empfindlichkeit

- Arbeitsplatz:
  - möglichst keine direkte Sonneneinstrahlung, Verdunklungssysteme
  - möglichst auf künstliche Lichtquellen verzichten
  - dimmbare Schreibtischlampe sowie indirekte Beleuchtung, z. B. Stehlampe (Leuchtstoffröhren werden oft als zu grell empfunden)
  - Anpassung der Bildschirmhelligkeit
  - nach Bedarf: polarisierte Sonnenbrille oder Blendschutz-Visier anbieten. Klare Regeln, wann die Nutzung des Hilfsmittels gestattet ist und wann nicht (z. B. bei Kundenkontakt)
  - Toleranz von Schirmmützen oder Kapuzen am (PC-)Arbeitsplatz
  - visuelle Ablenkung minimieren (z. B. Trennwände im Großraumbüro, Schreibtisch zur Wand statt gegen den Schreibtisch des Kollegen)
  - aufgeräumte Arbeitsplätze

Taktile Empfindlichkeit

- Berührungen vermeiden: Das freundliche »auf-die-Schulter-Klopfen« genauso wie das versehentliche Streifen im Vorbeigehen
- körperliche Annäherung ankündigen (z. B. »Ich hole mir einen Ordner aus dem Regal hinter Ihnen.«)
- Das Händeschütteln ist oft eine erlernte Geste. Es kann für den Mitarbeiter entlastend sein, darauf zu verzichten.

Da die Wahrnehmungsbesonderheiten individuell unterschiedlich sind, ist ein Mitarbeitergespräch oder ein Coaching durch einen Wahrnehmungsexperten der beste Weg, um herauszufinden, was der Mitarbeiter braucht.

6.5.4 Allgemeines Stressmanagement

Struktur

Strukturen ermöglichen Vorhersehbarkeit. Vorhersehbarkeit schafft Sicherheit und reduziert Stress. Je klarer ein autistischer Mitarbeiter also weiß, worin genau seine Aufgabe besteht, welche Entscheidungen er selbst treffen und wo er Rücksprache halten muss, desto entspannter wird er seiner Arbeit nachgehen können. Zudem ist es hilfreich, wenn er einen klar definierten Ansprechpartner hat, mit dem er offene Fragen klären kann.

Stressreduktion gelingt durch:

- klare Strukturen und Zuständigkeiten,
- definierte Entscheidungsspielräume,
- klare Aufgabenstellungen,
- definierte Ansprechpartner,
- Kommunikation von Erwartungen anstelle von impliziten Andeutungen,
- Offenheit für Rückfragen,
- einen definierten Arbeitsplatz,
- einen definierten Rückzugsort,
- klare Vereinbarungen für zusätzliche Pausen und
- passende Kommunikation, um möglichen Missverständnissen entgegenzuwirken.

Unkonventionelle Wege

Oft machen kleine Anpassungen den großen Unterschied und verändern Vieles zum Besseren. Manchmal ergeben sich Veränderungen auch unverhofft:

> Die Abteilungsleiterin einer größeren Firma in Südhessen bat mich um Rat bezüglich ihres autistischen Mitarbeiters:
> Aufgrund von Umbaumaßnahmen musste ihre gesamte Abteilung vorübergehend in den Keller des Gebäudes ziehen. Nach Abschluss der Arbeiten konnten die Mitarbeiter wieder in ihre Büros zurückkehren. Der autistische Mitarbeiter jedoch weigerte sich: Er bleibe im Keller. Seine Chefin war ratlos. Sie könne ihn doch nicht zwischen Putzraum und Archiv zurücklassen. Wie sähe das denn aus?
> Wir analysierten gemeinsam die Situation und fanden heraus:

- Die physische Anwesenheit im zweiten Stock war nicht erforderlich.
- Das hausinterne Netzwerk funktionierte auch im Keller.

Weder für die Qualität noch für die Quantität seiner Arbeit war die Anwesenheit des Mitarbeiters notwendig. Die Vorteile für den Mitarbeiter lagen jedoch auf der Hand:

- Im Keller war es ruhig, nur wenige Menschen kamen vorbei.
- Die auditive Belastung und visuelle Ablenkung waren minimal.
- Das gedämpfte Licht entlastete das visuelle System.
- Im Keller war es kühler, was die Intensität aller Reize dämpfte.

Diese kurze Geschichte soll nicht dazu führen, sämtliche autistische Mitarbeiter in den Keller zu schicken. Sie soll vielmehr dazu anregen, kreativ zu sein und gegebenenfalls auch unkonventionelle Wege zu gehen. Bereits kleine Veränderungen können für den Mitarbeiter eine große Wirkung erzielen und seine Arbeitskraft steigern.

6.6 Der autistische Mitarbeiter – Fazit

In Zeiten des Fachkräftemangels sind autistische Mitarbeiter von entscheidender Bedeutung und als Arbeitskräfte unverzichtbar. Häufig sind sie hervorragend ausgebildet und über die Maßen motiviert. Der Erfolg ihrer Arbeit hängt stark von passenden Rahmenbedingungen ab.

Unternehmen, die für geeignete Bedingungen sorgen, profitieren von motivierten, leistungsstarken und loyalen Mitarbeitern. Aufgrund von reduziertem Stress und weniger Ablenkung sind zudem in der Regel weniger Fehltage wegen Krankheit, eine Steigerung des Arbeitsvolumens und eine Verbesserung der Arbeitsqualität die Folge.

7 Autismus in der Ergotherapie – Fallbericht einer Mutter zweier autistischer Kinder[11]

»Wir sind eine fünfköpfige Familie. Als unsere beiden jüngsten Kinder die Diagnose »Autismus- Spektrum- Störung« erhalten haben, waren unsere Kinder drei, fünf und sieben Jahre alt. Diese ungewöhnlich frühzeitige Diagnosestellung wollten wir nutzen, um unseren Kindern eine therapeutische Begleitung ab dem Kleinkindalter zu ermöglichen. Es war für uns sehr frustrierend zu erfahren, dass sämtliche von den behandelnden Ärzten empfohlenen Therapien ausschließlich über jahrelange Wartelisten zu erreichen waren. Wir bekamen das Gefühl, die therapeutisch wertvollsten Jahre mit Warten zu vergeuden. Eine Ergotherapie wurde dabei weder unserer Tochter (5) noch unserem Sohn (3) empfohlen. Keiner der zahlreichen behandelnden Ärzte unserer Kinder wies uns auf diese Möglichkeit hin.

Nachdem wir uns als Eltern zu diesem Zeitpunkt sehr allein gelassen fühlten, fingen wir an, Fachliteratur zum Thema Autismus zu lesen. Eher durch Zufall stießen wir dabei auf das Thema Ergotherapie im Zusammenhang mit Wahrnehmungsstörungen. In unserer Verzweiflung entschieden wir, unseren Kindern einen Ergotherapieplatz zu suchen. Unser Motto war damals »besser als gar nichts«.

Rückblickend – nach nahezu drei Jahren Therapie – können wir sagen, dass sich die Ergotherapie für unsere Kinder als die wichtigste Säule im Bereich der Therapien entwickelt hat. Beide Kinder erhalten über die Ergotherapie hinaus weitere Unterstützung wie z. B. Hunde-, Reit- oder Autismus-Therapie. Doch die Ergotherapie hat für uns als Familie die größten Ergebnisse im Alltag bewirkt.

---

11 Die Verfasserin möchte zum Schutz ihrer Kinder anonym bleiben.

7 Autismus in der Ergotherapie – Fallbericht

Ganz fundamentale Effekte konnten wir direkt zu Beginn erzielen, indem wir Eltern erstmals eine professionelle Beratung durch unsere Ergotherapeutin erhielten. Zu diesem Zeitpunkt hatte die Arbeit mit unseren Kindern noch gar nicht begonnen. Wir hatten das große Glück, einen Hausbesuch in Anspruch nehmen zu können. Damals schlief unsere fünfjährige Tochter bereits seit Monaten im Keller und betrat ihr Spielzimmer so gut wie nie. Gleichzeitig sehnte sie sich nach einem Rückzugsort. Diesen scheinbaren Widerspruch konnten wir zu Hause ohne Hilfe nicht auflösen. Von der Therapeutin erfuhren wir, dass das Zimmer unserer Tochter nicht reizarm genug für ihre Bedürfnisse eingerichtet war. Die Wandfarbe war zu knallig und bot einen zu starken visuellen Reiz. Ihr Zimmer im Dachgeschoss war oftmals zu warm, so dass unsere Tochter – obwohl sie nicht direkt schwitzte – sich doch unwohl fühlte. Die Dachfenster ließen sich nicht ausreichend abdunkeln, die Geräusche der angrenzenden Straße waren im Zimmer zu laut. Im Keller hingegen fand unsere Tochter genau, wonach sie suchte: einen reizarmen Raum. Der Keller war ruhig, dunkel und kühl. Nach diesem Hausbesuch richteten wir im Keller eine zweite Kinderschlafstätte ein, die seither alljährlich in den warmen Monaten von unseren drei Kindern sehr gern genutzt wird. Dabei haben wir versucht, die Betten so zu gestalten, dass unsere Kinder ein hohes Maß an Geborgenheit empfinden – in erster Linie durch Höhlenbau z. B. mit Baldachinen und Bettvorhängen. Wir achten seither auf beruhigende Farben, haptisch angenehme Materialien, schwache und neutrale Düfte (z. B. bei Waschmittel), auf nicht zu grelles Licht und eine insgesamt ruhige Umgebung (z. B. kein Radio im Hintergrund). Allein durch diese einfach umzusetzenden Maßnahmen, konnten wir den Alltag bereits entspannen.

Vor allem unsere Tochter litt unter extremen Wutausbrüchen mit aggressiven und autoaggressiven Verhaltensweisen, mit massivem und langanhaltendem Brüllen bis zur absoluten Erschöpfung. In diesen Situationen, die mehrfach täglich auftraten, waren wir Eltern macht- und hilflos. Wir benötigten dringend ein Hilfsmittel, mit dem wir unsere Tochter beruhigen konnten. Bis dahin war unsere einzige Möglichkeit, sie festzuhalten, mitunter sie auf dem Fußboden zu fixieren, bis sie vor Erschöpfung bewusstlos wurde. Einen Weg, sie in diesen unkontrollierten Momenten zu beruhigen, kannten wir nicht. Eines Tages erhielten wir von der Ergotherapeutin unserer Tochter den Tipp, es doch einmal mit einer Gewichtsdecke zu versuchen. Nach der Beratung in der Praxis recherchierten wir zu Hause intensiv zu dem uns bis dahin unbekannten Thema.

Der feste Druck am ganzen Körper, der durch eine mehrere Kilo schwere Bettdecke erreicht wird, kann auf die Kinder beruhigend wirken. Einzig die sehr hohen Preise für solche Decken schreckten uns ab. Wir entschieden uns gegen eine Decke aus dem Reha-Bedarf. Die kostengünstigere Decke unserer Wahl ist mit Linsen gefüllt, die in zahlreichen kleinen Säckchen eingenäht sind. Die Decke ist ca. 100x170 cm groß und wiegt über 15 kg. Unsere Tochter wog damals nur unwesentlich mehr. Und sie fühlte sich vom ersten Tag an wohl unter dieser Decke. Wir nutzten sie als Hilfsmittel bei akuten Wutanfällen: mit dieser Decke konnten wir unsere Tochter auf dem Bett oder Fußboden fixieren um Selbstverletzung vorzubeugen und gleichzeitig konnten wir direkten Körperkontakt vermeiden, der in diesen Situationen kontraproduktiv gewesen wäre. Die Wutanfälle verloren zunächst an Dauer, später auch an Intensität. In ruhigen Momenten wurde die Decke als Schmusedecke genutzt, an manchen Tagen sogar als Bettdecke. Dann schlief unsere Tochter die ganze Nacht unter 15 kg Linsen – gut und fest. Beim Spielen entdeckten wir bereits häufiger, dass sowohl unsere Tochter als auch unser Sohn sich gern zwischen die großen Sofapolster in die engen Zwischenräume pressen oder im Kinderzimmer unter der Matratze kuscheln oder sogar schlafen. Heute wissen wir, wie gut ihnen das tut.

Da sich eine solche Decke natürlich nur zum Hausgebrauch eignet, waren wir schnell auf der Suche nach einer Lösung für unterwegs. Fündig wurden wir bei Gewichts- und Kompressionswesten. Das sind Neoprenwesten, die mit mehreren kleinen granulatbefüllten Gewichtssäckchen bestückt sind und über Klettverschluss hauteng am Oberkörper des Kindes angelegt werden. Unsere Kinder tragen diese Westen in Situationen außer Haus, in denen eine Reizüberflutung droht und ein wenig körperliche Beruhigung wohltut (z.B. im Restaurant, bei Schulaufführungen usw.) Die positiven Effekte sind deutlich spürbar. Verstärkt werden können sie zusätzlich durch die Verwendung eines Gehörschutzes.

Anders als unsere Tochter, die in erster Linie mit Wutanfällen auf sensorischen Overload reagiert, beginnt unser Sohn in Momenten der Überforderung durch Reizüberflutung mit unkontrolliertem Umherschlagen der Arme und Beine, er schreit herum, schlenkert mit dem Kopf, rennt im

Kreis und findet kein Ende. Wenn sich bei ihm solche Verhaltensweisen anbahnen, kennen wir inzwischen – dank Ergotherapie – einen einfachen aber guten Trick, um ihn wieder zurück ins Hier und Jetzt zu holen. Wir geben ihm in jede Hand einen Eiswürfel. Hierbei sind wir noch nicht einmal auf seine Kooperation angewiesen. Wir nehmen einfach seine Hand und legen den Eiswürfel hinein. Unser Sohn sieht sofort irritiert auf seine Hand und seine Konzentration gilt dem Eiswürfel, dem neuen Gefühl, das er offenbar als angenehm und interessant empfindet. Er lässt den Eiswürfel durch die Finger gleiten, er leckt daran und spielt damit herum. Manchmal fängt er wieder an laut zu werden, sobald der erste Würfel geschmolzen ist, dann bekommt er einen weiteren. Unterwegs verwenden wir einen kleinen Thermobehälter mit einigen Plastikeiswürfeln. Diese Eiswürfel durchnässen die Kleidung nicht und können auch mal versteckt in den Hosentaschen getragen werden.

Einen sehr beeindruckenden Schlüsselmoment bei der Ergotherapie erlebte ich im ersten Halbjahr der Therapie mit meinem Sohn. Er sollte das vorgedruckte Bild einer Raupe ausmalen, deren Körper aus mehreren Kreisen bestand, die immer kleiner wurden. Damals konnte unser Sohn sich maximal fünf Minuten konzentrieren, keinen Stift halten und nicht ruhig sitzen. Mir war vollkommen unklar, wie die Therapeutin ihn dazu bewegen wollte, sich mit Muße einem Ausmalbild zu widmen. Unser Sohn sollte im Turnraum durch enge Tunnel robben, sich durch enge Ritzen mit Kissen quetschen, beidfüßig über Trittsteine hüpfen und schließlich in einer großen Kiste mit Rapssaat nach kleinen Gegenständen wühlen. Nach dieser Vorbereitung gelang es ihm, jeweils ein Segment der Raupe mit beeindruckender Genauigkeit auszumalen – eine Leistung, die vorher absolut undenkbar gewesen wäre. Nach jedem ausgemalten Kreis wiederholte sich der Parcours. Vollkommen überwältigt ließ ich mir von der Therapeutin erklären, was hier gerade passiert war. Und verstand zum ersten Mal, was Tiefendruck alles bewirken kann. Um die Konzentration zu fördern, die Feinmotorik zu verbessern und um unseren Sohn auf knifflige Aufgaben vorzubereiten, nutzen wir bis heute zu Hause Knete, Knautschbälle oder auch Massagen.

Durch das jahrelange Üben und Trainieren der Feinmotorik unseres Sohnes, haben sich nach und nach kleinere und größere Erfolgserlebnisse für ihn ergeben, die ihn sehr stark motivieren. Nach circa zwei Jahren

Therapie ergab sich bei uns zu Hause eine Situation, die uns Eltern damals zu Tränen gerührt hat. Wir bastelten mit unseren Töchtern Weihnachtsschmuck. Unser Sohn beschäftigte sich im selben Raum mit Legosteinen. Neugierig kam er an den Tisch und verschaffte sich einen Überblick über unsere Arbeit. Sofort äußerte er den Wunsch, mitzubasteln. Solch filigrane Tätigkeiten hatte er bis zu diesem Tag strikt vermieden – seine Misserfolge demotivierten ihn einfach zu sehr und er konnte keinen Spaß bei solchen Dingen empfinden. Doch diesmal brachte er die nötige Aufmerksamkeit auf, sich erklären zu lassen, wie er was bemalen, zusammenkleben und gestalten konnte. Er war hochkonzentriert bei der Sache, seine Hände und Arme zitterten bis zu den Schultern vor Anspannung. Doch er blieb dabei und stellte seine Bastelarbeit ohne Pause fertig. Sein strahlend-stolzes Grinsen über diesen riesigen Erfolg sehen wir noch heute vor uns. Solche Erlebnisse motivieren unsere Kinder über alle Maße. Zu wissen, »Ich kann es schaffen!«, ist aus unserer Sicht ein wesentlicher Bestandteil einer erfolgreichen Therapie. Als Eltern die Erfolge der Kinder mitzuerleben ist selbstverständlich wunderschön. Darüber hinaus stärkt es aber auch das Vertrauen der Eltern in die Möglichkeiten der eigenen Kinder. Es ist ein sich selbst verstärkender Effekt, der uns optimistischer in die Zukunft blicken lässt. Heute, mit sechs Jahren, lernt unser Sohn mit Besteck zu essen. Auch wenn es ihm motorisch nicht immer gelingt, so hat er inzwischen die nötige Willenskraft und Ausdauer, um für die Dauer einer Mahlzeit motiviert bei der Sache zu bleiben. Das allein ist der Garant dafür, dass er eines Tages erfolgreich sein wird.

Unsere Tochter war schon immer taktil sehr überempfindlich. Sie erträgt phasenweise keinen Körperkontakt, meidet Kleidung soweit es ihr irgend möglich ist. Ihr Temperaturempfinden ist gestört, so dass sie im Winter mit Sommerkleidung das Haus verlassen will, weil die Haptik der Kleidung für sie wichtiger ist als der wärmende Effekt. Diese Besonderheiten können im Alltag große Probleme verursachen. Es gab Tage, an denen kein Schulbesuch möglich war, weil sie kein Kleidungsstück am Körper ertragen konnte. Unsere Tochter hat in der Therapie gelernt, welche sensorischen Reize ihr angenehm, welche unangenehm sind. Sie hat gelernt, unangenehme Situationen in einem gewissen Maß vorherzusehen. Sogar wenn sich diese Situationen nicht vermeiden lassen, hilft es ihr, sich innerlich wappnen zu können und sich nicht unvorbereitet überrumpeln zu lassen. Und in vielen kleinen Schritten konnte in der Ergotherapie ihre Fähigkeit, unangenehme Reize auszuhalten, ausgeweitet werden. Unsere Tochter fand schon immer Spaß am gemeinsamen Kochen. Doch regelmäßig konnte sie bestimmte Lebensmittel nicht anfassen, so unangenehm waren ihr die Beschaffenheit und Gerüche. Heute knetet sie Pizzateig und hält es sogar aus, im Raum zu bleiben, wenn wir mit stark riechenden Lebensmitteln kochen. Durch ihre therapeutischen Erfolge kann sie heute gemeinsame Tätigkeiten mit der Familie genießen, die ihr früher verwehrt geblieben sind. Die Lebensqualität aller Familienmitglieder hat sich dadurch erhöht.

Im Rahmen der Ergotherapie ist es gelungen, unsere beiden autistischen Kinder auf die Einschulung vorzubereiten. Vor allem bei unserem Sohn sind die erzielten Effekte tatsächlich atemberaubend. Er steht nun kurz vor der Einschulung auf einer Regelschule – ein Erfolg, den wir vor ein bis zwei Jahren nicht für möglich gehalten hatten. Unsere Tochter konnte in der Ergotherapie lernen, ihre Emotionen besser zu erkennen und angemessener darauf zu reagieren. Ihre Geduld und Frustrationstoleranz konnten ganz erheblich verbessert werden, was im Alltag mit ihr eine sehr große Entlastung darstellt. An guten Tagen sieht sie sich inzwischen sogar in der Lage, sich auf Kompromisse einzulassen.

Wir haben in der Ergotherapie die Bedürfnisse, Fähigkeiten und Defizite unserer Kinder besser als in jeder anderen Therapie kennengelernt. Wir haben einen Einblick in ihr Denken und Empfinden gewonnen und haben als Eltern gelernt einzuschätzen, wo im Alltag Stressoren lauern. Im Idealfall können wir sie komplett umgehen oder zumindest abmildern. Wenn Erzieher oder Lehrer über Probleme mit unseren Kindern klagen, können wir inzwischen oft selbst die Schule oder den Kindergarten beraten und Problemlösungen vorschlagen. Wir konnten innerhalb der Familie vermitteln, Omas und Opas erklären, warum diese Freizeitbeschäftigung mit den Enkeln besser geeignet ist als jene. Erfolgreiche Ausflüge sind möglich geworden, wenn wir uns an »unsere« Regeln halten. Wir Eltern haben in der Ergotherapie gelernt zu experimentieren, unkonventionell zu denken und selbstbewusst Ideen auszuprobieren. Und vor allem unseren Blickwinkel auf die Verhaltensweisen unserer Kinder zu verändern.

Unsere Kinder haben nach wie vor in der Ergotherapie vor allem eines: Spaß. Unser Sohn erkennt keinen therapeutischen Ansatz hinter dem

Spiel. Unsere inzwischen achtjährige Tochter arbeitet jetzt schon reflektiert an ihren Problemen – und hat auch auf dieser Ebene der Therapie Spaß, vor allem durch sichtbare Erfolge, die sie motivieren weiterzumachen. Wir Eltern haben in der Therapeutin unserer Kinder eine wertvolle Beraterin gefunden. Auf ihre Empfehlung hin haben wir in nahezu allen Bereichen unseres Familienlebens kleine bis große Veränderungen eingeführt – und beibehalten!«

8 Übersicht: Typische Anzeichen und Hilfsmaßnahmen

Die Ergotherapie nutzt Assessments, um Wahrnehmungsbesonderheiten der verschiedenen Sinnesbereiche zu identifizieren. Das Sensory Profile 2 ist ein standardisierter Fragebogen für Kinder bis 14,11 Jahre, der sich an Eltern richtet. Es beinhaltet einen weiteren Fragebogen für Lehrer bzw. Erzieher, der die Auswirkungen von Wahrnehmungsveränderungen auf das Verhalten und die kognitiven Fähigkeiten erfasst. Er bietet damit eine solide Grundlage für die Entscheidung, ob mit oder ohne Schulassistenz beschult werden sollte.

Während ich mir bei Erwachsenen lange Jahre mit dem Wahrnehmungsfragebogen (WN-FBG) behelfen musste, um zumindest einen groben Überblick über Wahrnehmungsbesonderheiten bei Erwachsenen zu erhalten, ist seit einiger Zeit der amerikanische ASH (Adult/Adolescent Sensory History)[12]- Fragebogen erhältlich. Wenngleich eine Standardisierung für den deutschsprachigen Raum noch andauert, so liegen zumindest amerikanische Vergleichswerte vor.

Nachstehend sind typische Anzeichen von Wahrnehmungsbesonderheiten aufgeführt, die eine erste Selbsteinschätzung erlauben.

---

12 Erhältlich unter: https://thespiralfoundation.org/product/adult-adolescent-sensory-history-starterpaket-deutsch/

8 Übersicht: Typische Anzeichen und Hilfsmaßnahmen

8.1 Propriozeption (Körperwahrnehmung)

Die Wahrnehmungssensoren der Propriozeption messen das Ausmaß der Muskelspannung sowie die Stellung der Gelenke.

Menschen mit guter Körperwahrnehmung bewegen sich geschmeidig über unebene Untergründe und durch Engstellen. Sie kennen Ihre Ausmaße genau und spüren, wann sie sich bei einem niedrigen Durchgang ducken müssen und wann sie auch so hindurchpassen.

Bei Autismus besteht häufig eine verminderte Körperwahrnehmung.

Menschen mit verminderter Körperwahrnehmung bewegen sich eher ungeschickt: Sie stoßen z. B. im Vorbeigehen an Tische, Stühle oder auch Türzargen. Beim Greifen nach Gegenständen zeigen sie mangelnde Präzision, wodurch sie immer wieder Gegenstände (z. B. Gläser) umstoßen. Ihre Muskelspannung ist z. T. erhöht, wodurch die Bewegungen steif und eckig wirken. Es besteht ein erhöhtes Verletzungsrisiko aufgrund mangelnder Anpassung und verzögerter Stützreaktion (Sprungbereitschaft). Eine Klientin berichtete gar, dass sie beim Laufen ihren Blick auf ihre Füße richten müsse, um zu »kontrollieren«, was diese tun.

Vergleichbar ist diese Bewegungsunsicherheit mit der Unsicherheit, die ein Fahranfänger beim Einparken eines unbekannten Autos (ohne Parkassistenten) empfindet.

Typische Anzeichen

- Ich bin eher ungeschickt und werfe leicht mal ein Glas um.
- Im Sportunterricht war ich nie sonderlich geschickt.
- Manchmal habe ich das Gefühl, meine eigenen Ausmaße nicht recht zu kennen, so häufig stoße ich an Tischecken oder Türzargen.
- Ich muss meine Bewegungen visuell kontrollieren, damit sie gelingen.
- Es tut mir gut, schweres Gewicht auf mir zu spüren bzw. mich irgendwo dazwischenzuschieben.
- Ich bin oft unter hoher muskulärer Anspannung, auf die ich wenig Einfluss habe.
- Es fällt mir schwer, meine Kraft zu dosieren.

Was kann man tun?

Eine Verbesserung der Körperwahrnehmung kann durch Stimulation der Wahrnehmungsrezeptoren erreicht werden. Geeignet ist körperliche Ertüchtigung, wobei Sportarten mit geringem Verletzungsrisiko zu bevorzugen sind, z. B. Wandern, Walken, (gesichertes) Klettern.

Tiefdruck wirkt sich positiv auf die Körperwahrnehmung aus:

- Gewichtsdecken
- Gewichtssäckchen (z. B. auf dem Schoß bei Schreibtischtätigkeiten/beim Essen)
- Druckwesten
- Gewichtswesten
- körperliche Ertüchtigung (Sport, Gartenarbeit)

8.2 Taktile Wahrnehmung (Berührungsempfinden)

Betroffene mit taktiler Überempfindlichkeit beschreiben, dass sie sanfte Berührungen z. T. als äußerst schmerzhaft empfinden, während sie mit festem Druck besser umgehen können.

Insbesondere chaotische Situationen, wie z. B. im Kindergarten oder in der Innenstadt zur besten Einkaufszeit bereiten bei Überempfindlichkeiten Stress. Zu der empfindlichen Wahrnehmung, kommt die Erwartungsangst, plötzlich und unvorbereitet berührt zu werden.

Typische Anzeichen

- Ich trage gerne lange Kleidung – auch wenn es warm ist.
- Ich trage ungern offene Schuhe, wie Sandalen; barfuß laufe ich nie.

- Es bereitet mir Unbehagen, von anderen berührt zu werden oder auch die Haare geschnitten zu bekommen.
- Klebrige, verschmierte oder dreckige Hände muss ich mir sofort waschen.
- Bestimmte Materialien kann ich auf meiner Haut nicht gut ertragen (Wolle, Polyester, Ton, Rasierschaum, Erde, Teig, Knete, Sand o. a.).
- Bestimmte Nahrungsmittel lehne ich aufgrund ihrer Konsistenz ab.
- Als Kind versetzten mich Haare waschen, Nägel schneiden, Einseifen/ Abtrocknen/Eincremen in hohe Aufregung.

Was kann man tun?

Betroffene

- Kleiderwahl: weit oder eng (je nach Vorliebe), Waschzettel entfernen;
- Auch im Sommer ist lange Kleidung legitim: Z. B. fühlt sich Leinen kühl auf der Haut an (auf drohende Überhitzung achten);
- beim Kleiderkauf auf Materialien achten (viele Kunstfasern aber auch Wolle können zu Irritationen führen; Wolle-Seiden-Gemische fühlen sich z. B. glatter auf der Haut an)
- Haare: z. B. kurz oder enger Zopf;
- Handschuhe für Hausarbeiten;
- evtl. von Spültuch auf Baumwolltuch umsteigen;
- Handschuhe zur Lebensmittelzubereitung (Achtung: müssen »lebensmittelgeeignet« sein!).

Andere

- »kitzelige« Berührungen vermeiden
- viel Druck ausüben beim Berühren (z. B. Druck beim Abtrocknen/Eincremen etc.)
- körpertherapeutische Maßnahmen wie Massagen mit Druck durchführen, ankündigen, wo als nächstes berührt wird
- Sitzplatz im Klassenraum so wählen, dass kaum »Durchgangsverkehr« besteht.

- Annäherungen ankündigen und erklären (z. B. »Ich komme zu dir rüber, um das Fenster zu schließen«). So kann die Erwartungsangst deutlich gesenkt werden.
- Hemmung durch Tiefdruck: Gewichtsdecken/-kissen, Druckwesten, Arbeit mit Material, das Widerstand bietet (Holz, Ton, Knete)
- Hemmung durch Kälte: Hände kalt waschen, Kühlpack, kalte Getränke, Eiswürfel
- Hemmung durch Rhythmus: Tagesverlauf strukturieren, Routinen schaffen
- lange Kleidung auch im Sommer zulassen (z. B. kühles Leinen)

8.3 Vestibuläre Wahrnehmung (Gleichgewichtsempfinden)

Das Gleichgewichtsorgan im Innenohr besteht aus dreidimensionalen Bogengängen, in denen sich bei Kopflageveränderungen eine Flüssigkeit bewegt. Dabei sind die Position der Flüssigkeit sowie deren Bewegungsgeschwindigkeit entscheidend.

Bei vestibulärer Überempfindlichkeit führt vor allem passiv bewegt zu werden (z. B. Auto-, Bus-, Bahn-, Schifffahrten) zu Übelkeit bis hin zum Erbrechen. Es wird aber auch von Schwindel und Übelkeit z. B. beim Duschen berichtet.

Typische Anzeichen

- Beim Mitfahren im Auto wird mir schnell übel.
- Schaukeln und Karussells mochte ich schon als Kind nicht.
- Balancieren über einen Baumstamm ängstigt mich.
- Auf eine Leiter zu steigen oder eine steile Treppe herunterzulaufen, bereitet mir Unbehagen.
- Wenn ich falle, fange ich mich oft nicht gut ab.

Was kann man tun?

- Augen als Kontrollorgan einsetzen (beim Autofahren den Straßenverlauf im Blick behalten, ggf. vorne sitzen)
- Passive Bewegungen vermeiden:
  – selbst Auto fahren,
  – Bootsfahrt, schwankende Bootsstege, Karussell, Fahrgeschäfte, Schaukel/Hängematte vermeiden,
- Duschhocker verwenden.

8.4 Olfaktorische Wahrnehmung (Geruchsempfinden)

Bei Überempfindlichkeit der Geruchswahrnehmung werden Düfte von Parfüms, Cremes, Putzmitteln o. ä. zu intensiv wahrgenommen und führen zu Übelkeit bis hin zum Erbrechen. Zur Herausforderung wird der Besuch in der Stadt, wo man verschiedensten Düften ausgesetzt ist: Zigarettenrauch, Essensgeruch, Duft von Kaffee etc. Es ist kaum möglich, die Aufnahme von Gerüchen zu vermeiden.

Typische Anzeichen

- Gerüche, die andere kaum wahrnehmen, bereiten mir Übelkeit.
- Wenn gekocht wird, muss ich den Raum verlassen.
- Häufig stören mich Gerüche derart (z. B. von Essen, Seifen, Cremes, Parfums), dass ich mich nicht konzentrieren kann.

8.4 Olfaktorische Wahrnehmung (Geruchsempfinden)

Was kann man tun?

Betroffene

- Verwendung geruchsneutraler Produkte (Shampoo, Seife, Putz-, Spül- und Waschmittel)
- Schlechte Gerüche beseitigen:
  - Ein Schälchen Kaffeepulver beseitigt Kühlschrank-Mief.
  - Nach dem Wechsel des Staubsaugerbeutels zunächst Vanillezucker oder Kaffeepulver einsaugen.
  - Natron hilft, wenn die Spül- oder Waschmaschine unangenehm riecht (1 EL Natron auf dem Boden des leeren Geschirrspülers verteilen. Nach wenigen Minuten kann der normale Gebrauch der Spülmaschine wieder fortgesetzt werden).
- In der Stadt, am Arbeitsplatz oder bei Übernachtungen außer Haus einen »Not-Duft« mitführen (Duftsäckchen, Fläschchen mit ätherischem Öl, Duftkerze etc.).

Andere

- siehe Betroffene
- Auf duftintensive Parfüms (und Cremes) verzichten.
- Vorsicht beim Blumenkauf – manche Blumen sind sehr geruchsintensiv.

Manche autistischen Kinder begeben sich jedoch auf olfaktorische Reizsuche. Sie erkunden Gegenstände über ihren Geruch. Bei Bedarf nach olfaktorischem Input, sollten ausreichend (ungefährliche) Geruchsreize zur Verfügung gestellt werden. Bereits Kinder sollten dafür sensibilisiert werden, dass das Schnuppern an bestimmten Substanzen gesundheitsschädlich sein kann (z. B. Benzin, Lösungsmittel etc.).

8.5 Gustatorische Wahrnehmung (Geschmacksempfinden)

Häufig werden stark gewürzte Speisen abgelehnt. Auch die Kombination unterschiedlicher Nahrungsmittel kann zur Herausforderung werden, insbesondere dann, wenn Lebensmittel unterschiedlicher Konsistenz miteinander vermischt werden (Zusammenspiel mit taktiler Wahrnehmung).

Manche Eltern berichten jedoch mit Erstaunen, dass ihr Kind ein bestimmtes stark würziges Lebensmittel bevorzugt, nach dessen Verzehr das Kind ruhiger würde. Würzige, salzige und scharfe Nahrungsmittel (z. B. Parmesankäse, Chips oder scharfe Bonbons) können eine hemmende Wirkung haben.

Typische Anzeichen

- Ich bevorzuge milde Speisen.
- Es gibt ein besonders würziges Nahrungsmittel, dass mich regelrecht beruhigt.

Was kann man tun?

- Speisen mild würzen
- Auf die Vermischung unterschiedlicher Lebensmittel oder unterschiedlicher Konsistenzen verzichten.
- Lebensmittel auf dem Teller getrennt anrichten.
- Soßen und Suppen nach Zubereitung pürieren, so dass die Konsistenz einheitlich ist.
- Soße weglassen (Olivenöl, Parmesankäse und Salz zu Nudeln anbieten).
- Gibt es ein Lebensmittel, das »beruhigt«, kann es in Erregungssituationen gezielt angeboten werden.
- Der Betroffene entscheidet, was er isst und wie viel davon bzw. in welchem Tempo er sich an neue Speisen heranwagt (z. B. löffelweise)

8.6 Viszerale Wahrnehmung (Wahrnehmung der inneren Organe)

Wir spüren unseren Magen bei Hunger, nehmen den Druck von Blase und Darm wahr, wenn wir zur Toilette müssen. Wir spüren aber auch, wenn sich bei Aufregung unser Herzschlag beschleunigt oder unsere Wangen vermehrt durchblutet werden und »glühen«. Auch Erschöpfung nehmen wir körperlich wahr: die Augenlider und Gliedmaßen »werden schwer« und vermehrte Trägheit hindert uns daran, Betätigungen nachzugehen.

Autistische Menschen haben häufig Schwierigkeiten in der Zuordnung ihrer körperlichen Sensationen. Beispielsweise fühlen sich Hunger und Erschöpfung für sie sehr ähnlich an.

Zusätzlich reagieren manche Betroffene empfindlich auf enge Kleidung am Bauch: Die Bauchmuskulatur spannt sich an, worunter die tiefe Bauchatmung leidet. Bei flacher Brustatmung fehlt jedoch die »Massage« der Verdauungsorgane durch die Atembewegungen. Hierdurch kann es zu funktionalen Verdauungsproblemen und damit einhergehenden Bauchschmerzen kommen.

Typische Anzeichen

- Wenn ich ein unangenehmes Gefühl im Bauch verspüre, kann ich oft nicht zuordnen, ob es sich um Hunger oder etwas anderes handelt.
- Ich habe häufig Bauchschmerzen, ohne dass sich dafür eine organische Ursache finden lässt.

Was kann man tun?

Betroffene

Es hat sich bewährt, einen Snack (z. B. Banane, Müsliriegel, Nüsse) mit sich zu führen. So kann bei körperlichem Missempfinden direkt »ausprobiert« werden, ob Hunger die Ursache des Unbehagens ist. Bessert sich der körperliche Zustand durch die Nahrungsaufnahme nicht und ist Erschöpfung der vermeintliche Grund für das Unwohlsein, so ist ein reizarmer Rückzugsort zur Erholung aufzusuchen. Unterwegs eignen sich folgende Orte:

- Grünflächen, Parks oder Wälder,
- Kirchen sind ruhig, abgedunkelt und kühl.
- Auf Flughäfen und großen Bahnhöfen eignen sich Kapellen, da sie abseits liegen und man Ruhe findet.
- Vorbeugung vor Erschöpfung, z. B. mithilfe von Sonnenbrille und Gehörschutz.
- Kleiderwahl: elastischen oder tiefen Hosenbund wählen, um Bauchschmerzen vorzubeugen.

Andere

Für Eltern, Erzieher und Lehrer ist wichtig zu wissen, dass ein Kind mit Problemen in der viszeralen Wahrnehmung zwar merkt, wenn etwas »im Bauch« nicht stimmt, es dieses Gefühl jedoch nicht zuordnen kann.

Die verantwortliche Person bietet dem Kind verschiedene Hilfen an:

- etwas zu essen,
- Rückzug,
- Hilfsmittel wie Sonnenbrille oder Gehörschutz,
- bei regelmäßigen Bauchschmerzen und Verdauungsproblemen (ohne organische Ursache) Kleidung überprüfen und evtl. anpassen, um Druck auf den Bauch zu reduzieren; (sensorischen) Stress reduzieren.

8.7 Auditive Wahrnehmung (Hörempfinden)

Autistische Menschen haben oft ein überaus empfindliches Gehör (Hyperakusis). Lärm wird als schmerzhaft erlebt. Zusätzlich werden leise Geräusche, die andere kaum hören intensiv wahrgenommen und können nicht ausgeblendet werden. So wird z. B. das Ticken einer Uhr oder das leise Summen eines Gerätes, das auf Standby läuft, zur Qual.

Typische Anzeichen

- Es ist mir oft zu laut. Auch wenn andere die Geräusche kaum stören.
- Lärm kann zu Wutausbrüchen und Panik führen.
- Kino- und Zirkusvorstellungen kann ich nicht oder nur mit Gehörschutz besuchen, da es mir grundsätzlich zu laut ist.
- Selbst leise Geräusche, wirken sich negativ auf meine Konzentrationsfähigkeit aus.

Was kann man tun?

Betroffene

Dauerhaft störende Geräuschquellen sollten ausgemacht und nach Möglichkeit eliminiert werden, z. B.

- Standby vermeiden, Geräte ausschalten (schaltbare Steckdosen).
- Vor Gerätekauf Informationen über deren Lautstärke einholen.
- Geräte mit Timer bevorzugen: Wäsche und Geschirr kann so während der Abwesenheit gereinigt werden.
- Fußbodenbelag mit Bedacht wählen (z. B. Teppich statt Laminat).
- Fußbekleidung im Wohnraum (Filzpantoffeln, statt Schuhe mit harter Sohle).
- Bei ständigen Geräuschen (z. B. Baustelle vor dem Haus) evtl. ruhige Musik einschalten, um den Fokus zu verändern, Gehörschutz verwenden.
- Im Kontakt mit einem schreienden Säugling kann Gehörschutz zur Reduzierung des Stresspegels beitragen (wichtig: das Kind muss noch gehört werden!).

Andere

- Das ruhigste Zimmer dem Betroffenen überlassen,
- leisen Bodenbelag/Schuhsohle wählen,
- evtl. Schallschutzfenster installieren,
- unvermeidbaren Lärm ankündigen (z. B. Staubsaugen) und Handlungsoptionen anbieten (z. B. »Wenn Du möchtest, gehe so lange in Dein Zimmer und schließe die Tür«).

8.8 Visuelle Wahrnehmung (Sehempfinden)

Häufig besteht eine hohe Lichtempfindlichkeit, insbesondere gegenüber künstlichen Lichtquellen.

Typische Anzeichen

- Direktes Sonnenlicht empfinde ich so hell, dass ich meinen Raum verdunkeln muss.
- Licht von Leuchtstoffröhren ist mir unangenehm.
- Selbst bei diesigem Wetter trage ich eine Sonnenbrille.
- Weißes Papier ist mir zu grell. Ich bevorzuge ungebleichte Blätter.
- Ich erkenne viele Details, die andere oft gar nicht bemerken.

Was kann man tun?

Betroffene

- Beleuchtung
  - Warmweißes Licht installieren,
  - indirekte Beleuchtung bevorzugen,
  - dimmbare Schreibtischlampe wählen.

- Wandfarbe/Einrichtung
  - Wände in gedeckten Farben streichen,
  - geschlossene Möbel offenen Vitrinen oder Regalen vorziehen,
  - Einrichtung in gedeckten Farben – bunte Kissen können Akzente setzen,
  - für Ordnung und freie Flächen sorgen,
  - für Verdunklungsmöglichkeit sorgen.
- Hilfsmittel
  - Sonnenbrille – polarisierte Gläser erhalten die Kontraste, so dass man auch im Schatten oder bei Durchfahren eines Tunnels noch gut sieht.

Andere

- Bei der Zimmerzuteilung die Lichtempfindlichkeit beachten,
- Einrichtung/Beleuchtung beachten (s. o.),
- evtl. ungebleichtes Papier statt strahlend weißes anbieten.

Literaturverzeichnis

Agentur Junges Herz. (2022). *Arbeitsplatzgestaltung*. Zugriff am 15.03.2024 unter: https://www.agentur-jungesherz.de/hr-glossar/arbeitsplatzgestaltung/.

Allen, D. A. (1988). Autistic spectrum disorders. Clinical presentation in preschool children. *Journal of Child Neurology, 3* (Suppl), 48–56.

ASH (Adult/Adolescent Sensory History). *Wahrnehmungsfragebogen für Jugendliche und Erwachsene*. Zugriff am 03.03.2024 unter: https://thespiralfoundation.org/product/adult-adolescent-sensory-history-starterpaket-deutsch/.

Ayres, A. J. (1992). *Bausteine der kindlichen Entwicklung. Sensorische Integration verstehen und anwenden*. (2. Auflage). Berlin, Heidelberg: Springer.

Ayres, A. J. (2016). *Bausteine der kindlichen Entwicklung. Sensorische Integration verstehen und anwenden – Das Original in moderner Neuauflage* (6., korrigierte Auflage). Berlin, Heidelberg: Springer.

Ayres, A. J. & Tickle, L. S. (1980). Hyper-responsive to touch and vestibular stimuli as a predictor of positive response to sensory integration procedures by autistic children. *American Journal of Occupational Therapy, 34*, 375–381.

Bäuml, J. & Lambert, M. (2014). *Psychosen: Ein Wegbegleiter für Betroffene und Angehörige*. Michelstadt: Verlag für Didaktik in der Medizin GmbH.

Baumann, M. & Kemper, T. L. (1985). Histoanatomic observations of the brain in early infantile autism. *Neurology, 35*, 866–874.

Bundy, A. C., Lane, S. J. & Murray, E. A. (2007*). Sensorische Integrationstherapie, Theorie und Praxis* (3., vollständig überarbeitete Auflage). Heidelberg: Springer.

Deutsches Institut für Medizinische Dokumentation und Information (DIMDI). (Version 2019). *ICD-Code*. Zugriff am 21.05.2024 unter: https://www.dimdi.de/static/de/klassifikationen/icd/icd-10-gm/kode-suche/htmlgm2018/block-f40-f48.htm#F42

Dunn, W. (2017). *Sensory Profile 2*. Frankfurt: Pearson Deutschland GmbH.

Europäisches Parlament. (17.03.2021). *Autismus und inklusive Beschäftigung*. Zugriff am 15.03.2024 unter https://www.europarl.europa.eu/doceo/document/O-9-2021-000017_DE.html#:~:text=Menschen%20mit%20Autismus%2C%20auch%20solche,72%20%25%20bei%20Menschen%20ohne%20Behinderungen.

Fisher, A., G., Murray, E., A. & Bundy, A. C. (2002). *Sensorische Integrationstherapie, Theorie und Praxis (2. Auflage)*. Heidelberg: Springer.

Frese, C. (30.04.2017). *Ratgeber zu den Rechtsansprüchen von Menschen mit Autismus und ihrer Angehörigen.* Zugriff am 21.05.2024 unter https://www.autismus.de/fileadmin/RECHT_UND_GESELLSCHAFT/Broschuere_Rechte_von_Menschen_mit_Autismus_Stand_13Nov.pdf.

Gesellschaft für Sensorische Integration – Jean Ayres Deutschland und International e. V. *GSID.* Zugriff am 25.04.2019 unter: www.gsid.de.

Grandin, T. & Scariano, M. M. (1986). *Emergence: Labled autistic: A true story.* Novato, CA: Arena Press.

Kabat-Zinn, J. (1991). *Gesund durch Meditation: Das große Buch der Selbstheilung.* München: O. W. Barth.

King, L., J. im Interview mit Edelson, S. M. (1996). *A tribute to Lorna Jean King.* Zugriff am 21.05.2024 unter: http://impactofspecialneeds.weebly.com/uploads/3/4/1/9/3419723/362-tribute-to-lorna-jean-king.pdf

Lange, U., Uhlemann, C. & Müller-Ladner, U. (2008). *Serielle Ganzkörperkältetherapie im Criostream bei entzündlich-rheumatischen Erkrankungen: Eine Pilotstudie.* München: Med Klin.

Lazarus, R. S. & Folkman, S. (1984). *Stress, appraisal and coping.* New York: Springer.

Maslow, A. H. (1943). A Theory of Human Motivation. *Psychological Review, 50,* 370–396.

Metzger, D., Zwingmann, C., Protz, W. & Jäckel, (2000). *Die Bedeutung der Ganzkörperkältetherapie im Rahmen der Rehabilitation bei Patienten mit rheumatischen Erkrankungen. Ergebnisse einer Pilotstudie.* Stuttgart: Rehabilitation.

Miller, M. (2013). Ergotherapie bei Frauen mit Autismus. In C. Preißmann (Hrsg.), *Überraschend anders – Mädchen & Frauen mit Asperger* (S. 171–182). Stuttgart: TRIAS.

Milton, D., Heasman, B., Sheppard, E. (2018). *Double Empathy.* In F. Volkmar (ed.), Encyclopedia of Autism Spectrum Disorders. Springer. Zugriff am 18.03.2024 unter: https://kar.kent.ac.uk/67069/1/DEP%202018%20Volkmar%20piece%20proof.pdf

Papenfuß, W. (2015). *Die Kraft aus der Kälte.* (3. überarbeitete und erweiterte Auflage). Wolfsegg: Edition k.

Pfeiffer, B., Koenig, K., Kinnealey, M. & Sheppard, M. (2011). Effectiveness of sensory integration interventions in children with autism spectrum disorders: A pilot study. *American Journal of Occupational Therapy, 65,* 76–85.

Preißmann, C. (2021). *Glück und Lebenszufriedenheit für Menschen mit Autismus* (2., aktualisierte Auflage). Stuttgart: Kohlhammer.

Preißmann, C. (2017). *Autismus und Gesundheit, Besonderheiten erkennen – Hürden überwinden – Ressourcen fördern.* Stuttgart: Kohlhammer.

Pritzel, M., Brand, M. & Markowitsch, H. J. (2003). *Gehirn und Verhalten: Ein Grundkurs der physiologischen Psychologie.* Heidelberg: Spektrum.

REHADAT. (2019). Institut der deutschen Wirtschaft Köln e.V., Befragung: *Mit Autismus im Job.* Zugriff am 15.03.2024 unter: https://www.rehadat.de/export/

sites/rehadat-2021/lokale-downloads/rehadat-publikationen/auswertung-umfrage-autismus.pdf.

Rixgens, L. (2023). *Vitamin C – Der Helfer gegen Seekrankheit?* Zugriff am 03.03.2024 unter: https://www.linarixgens.de/2023/04/27/2562/.

Schaaf, R. C. (2018). *Autism Science Foundation. Study of sensoryintegration therapy for children with autism – seeking participants.* Zugriff am 20.05.2019 unter www.autismsciencefoundation.wordpress.com/2018/07/12/study-of-sensory-integration-therapy-for-children-with-autism-seeking-participants/.

Schaaf, R. C., Toth-Cohen, S., Johnson, S. L., Outten, G. & Benevides, T. W. (2011). Everyday routines of families of children with autism. *Autism, 15*(3), 373–389.

Smith Roley, S., Blanche, E. I. & Schaaf, R. C. (2003). *Sensorische Integration.* Heidelberg: Springer.

Schaefgen, R. (2007). *Praxis der Sensorischen Integrationstherapie* (3. Auflage). Stuttgart: Thieme.

Schildbach, L. (20.02.2019). *Von Autisten mehr Sachlichkeit lernen,* FAZ, Nr. 43, N1.

Schiepek, G. & Cremers, S. (2003). Ressourcenorientierung und Ressourcendiagnostik in der Psychotherapie. In H. Schemmel & J. Schaller (Hrsg.), *Ressourcen. Ein Hand- und Lesebuch zur therapeutischen Arbeit* (S. 147–193). Tübingen: Springer.

Schoen, S. A., Lane, S. J., Mailloux, Z, May-Benson, T., Parham, L. D., Smith Roley,S, Schaaf, R.C. *A Systematic Review of Ayres Sensory Integration Intervention for Children with Autism.* Zugriff am 02.03.2024 unter https://onlinelibrary.wiley.com/doi/pdf/10.1002/aur.2046.

Schuster, N. (2001). *Ein guter Tag ist ein Tag mit Wirsing.* Berlin: Weidler Verlag.

Sivertsen, B., Posserud, M. B., Gillberg, C., Lundervold A. J. & Hysing, M. (2012). Sleep problems in children with autistic spectrum problems: a longitudinal population-based study. *Autism, 16,* 139–150.

Pfeiffer, B. A., Koenig, K., Kinnealey, M., Sheppard, M., Henderson, L. (2011). Effectiveness of Sensory Integration Therapy in children with Autism Spectrum Disorders. *The American Journal of Occupational Therapy, 65,* 76–85.

Wessels, M. (2018). Flossing nach der FASZIO(R)-Methode. *Praxis Ergotherapie, 2,* 98–101.

Workwise (2023). *Organisationsentwicklung, Neurodiversität & Autismus in Unternehmen,* Zugriff am 15.03.2024 unter: https://hire.workwise.io/hr-praxis/organisationsentwicklung/neurodiversitaet.

Register

A

Affektlabilität 36
Aktivierungsniveau 40, 42
Aktivitäten des täglichen Lebens 59
Aktivitätskurve 40
Angst 36
Autismus
– Asperger-Syndrom 8
– Autismus-Spektrum-Störung 8
– Erwachsene 53
– frühkindlicher Autismus 8
– Häufigkeit 10
– Symptome 9
– Wahrnehmungsveränderung 24
Ayres, Jean 23

C

Canadian Occupational Performance Measure 59

D

Defensivität 30, 31, 33, 36
Dormanz 30, 32
Druckweste 73

E

Erregungszustand 41, 68, 71, 77

F

Feinmotorik 35
Filtersysteme 27, 32, 33, 47

G

Geruchsempfindlichkeit 89
Gewichtsdecke 73

H

Handlungsfähigkeit 71
Hemmung 29, 64
– Autonomie 66
– Lebensmittel 89
Homeoffice 128
Hyperakusis 80, 81, 148

I

Intersoziale Kompetenzen 55

155

J

Jaktationen 110

K

Kontrollverlust 37, 50
Kopflageveränderung 143
Körperwahrnehmung
– verminderte 140

L

Lebenspraktische Hilfe 53
Lebenswirklichkeit 62
Lichtempfindlichkeit 150

M

Modulation 29
– Modulationsstörung 30

P

Peergroup-Erfahrung 61, 113
Potenziale 72, 73

R

Reiseübelkeit 86
Reizschwelle 31
Reizsuche
– olfaktorisch 145
Reizüberflutung 37, 45, 47, 66, 69, 78, 96
– Handlungsstrategien 51
– Meltdown 48
– Overload 47, 49
– Shutdown 48
– Soforthilfe 50

Ressourcen 59
– Ressourceninterview 59
Routinen 38, 60, 65

S

Schlafprobleme 73, 109
Schwindel 85
– Duschen 85
– Rasiert-Werden 85
Selbstständigkeit 83
Selbstvertrauen 73
Selbstwirksamkeit 77
Sensorische Integrationstherapie 19, 23, 24, 64
– Sensory Profile 2 57, 139
Sinnessysteme 27
Smalltalk 112
SMARTe Ziele 63
Squeeze-machine 71
Stereotypie 25
Stress 38, 44
– Aushalten-Können 58
– Fassungsvermögen 46
– Stresshormone 44

T

Teilhabe 113
Temple Grandin 70, 76

V

Verdunklungsmöglichkeit 79
Vermeidungsverhalten 35
Vulnerabilitäts-Stress-Modell 45

W

Wahrnehmung 26, 28
Wahrnehmungsbesonderheiten 23

Wahrnehmungsveränderung 24
- Intensität 78
- Kognition 38
- Strategien 64
- Verhalten 35

Z

Zwänge
- Abgrenzung 60

2024. 241 Seiten mit 38 Abb. und 77 Tab. Kart.
€ 35,–
ISBN 978-3-17-041832-5

Den meisten Menschen mit Autismus fällt es schwer, sich in der „normalen Welt", in der es viele soziale Regeln, Normen und Erwartungen gibt, die als selbstverständlich vorausgesetzt werden, zurechtzufinden. Der „Survival Guide Autismus" will diesen Menschen eine Hilfe auf dem Weg in ein selbstbestimmtes Leben sein und bietet ihnen bei den täglichen Herausforderungen Unterstützung. Anhand verschiedener Methoden, Übungen und Tipps werden individuelle Lösungsansätze entwickelt, um den Alltag selbstständig bewältigen zu können. Allein oder mit einer Bezugs-/Fachperson kann der autistische Mensch je nach persönlichen Bedürfnissen verschiedene Kapitel, z. B. zur Kommunikation am Arbeitsplatz, in einer beliebigen Reihenfolge bearbeiten. Dabei werden alle wichtigen Lebensbereiche abgedeckt. Die Autorinnen nehmen die LeserInnen mit auf eine Reise durch den Gesellschaftsdschungel und zeigen ihnen persönliche Wege im Umgang mit den eigenen Besonderheiten. Das Selbsthilfebuch wird durch Online-Zusatzmaterial mit zahlreichen Checklisten, Tabellen und Arbeitsmaterialien ergänzt.

Auch als E-Book erhältlich.
Leseproben und weitere Informationen: **shop.kohlhammer.de**

2024. 221 Seiten mit 17 Abb. und 1 Tab. Kart.
€ 36,–
ISBN 978-3-17-041835-6

Erscheinungsbild und Aspekte des Erlebens von Autismus und Trauma weisen oft starke Ähnlichkeiten auf. Dabei sind Traumata nicht, wie früher angenommen, ursächlich für Autismus. Vielmehr birgt die autistische Grundstruktur ein erhöhtes Risiko für traumatische Erfahrungen, wie neuro- und entwicklungspsychologische Zusammenhänge und Erfahrungsberichte Betroffener deutlich machen. In der Psychiatrie und Psychotherapie sind autistische Besonderheiten der Wahrnehmung und des Erlebens bislang aber kaum bekannt, was häufig zu Fehldiagnosen und dem Scheitern therapeutischer Zusammenarbeit führt. Eine wirksame Psychotherapie traumatisierter Menschen im Autismus-Spektrum ist jedoch möglich, wenn die besonderen Herausforderungen, die spezifischen Bewältigungsstrategien sowie die oft besondere Resilienz der Klienten gewürdigt und in die Therapie einbezogen werden.

Auch als E-Book erhältlich.
Leseproben und weitere Informationen: **shop.kohlhammer.de**

2., erw. und überarb. Auflage
2024. 235 Seiten mit 38 Abb.
und 3 Tab. Kart.
€ 35,–
ISBN 978-3-17-043583-4

Eine lebendige Interaktion bildet die Grundlage für Kommunikation und Sprachanbahnung. Der ganzheitliche Therapieansatz Komm!ASS® nutzt gezielte Impulse und Regulationshilfen zur Verbesserung der (Körper-) Wahrnehmung von Menschen im Autismus-Spektrum. Beim freudvollen, berührenden gemeinsamen Spiel finden vielfältige Modalitätenwechsel statt. Dabei können bedeutungstragende Informationen leichter fokussiert und auf Neuerungen kann flexibel reagiert werden. In der umfassend überarbeiteten Neuauflage wurde der ressourcenorientierte Blick vertieft und um neue Erkenntnisse besonders zu Regulation und Stimming sowie zum Erleben und Verstehen von Emotionen erweitert.
Der Befundbogen im Anhang wurde ebenfalls überarbeitet und steht auch als Online-Zusatzmaterial zur Verfügung.

Auch als E-Book erhältlich.
Leseproben und weitere Informationen: **shop.kohlhammer.de**